Mark Twain

LAUTSTÄRKE BEWEIST GAR NICHTS

Respektlose Wahrheiten

 aufbau

Mark Twain in seinem Arbeitszimmer auf der Quarry Farm
Elmira, New York, 1903

Mark Twain

LAUTSTÄRKE
BEWEIST GAR NICHTS

Respektlose Wahrheiten

Aphorismen und Anekdoten

Mit einem Nachwort
von Rolf Vollmann

 aufbau

Ausgewählt von Nele Holdack

ISBN 978-3-351-03532-7

Aufbau ist eine Marke der Aufbau Verlag GmbH & Co. KG

1. Auflage 2013
© Aufbau Verlag GmbH & Co. KG, Berlin 2013
Einbandgestaltung hißmann, heilmann, Hamburg
unter Verwendung einer Zeichnung von Elizabeth Shaw
Satz LVD GmbH, Berlin
Druck und Binden CPI – Clausen & Bosse, Leck
Printed in Germany

www.aufbau-verlag.de

Inhalt

Anhang

Lautstärke beweist gar nichts. Oft gackert eine Henne, die bloß ein Ei gelegt hat, als handle es sich um einen Planetoiden.

Wenn man bei Lärm einschläft, schlummert man friedlich weiter; sobald der Lärm jedoch aussetzt, wird man von der Stille geweckt.

Ich höre mich gerne reden

Ich hasse es, anzufangen.

Ich bin nicht daran interessiert, mit irgendetwas fertig zu werden. Ich bin nur daran interessiert, draufloszuschwatzen.

Ich höre mich gerne reden, weil ich so viel Belehrung und moralische Erbauung daraus ziehe.

Die erste Äußerung, die ich je von mir gegeben habe, war eine Lüge. Seither interessiere ich mich für diese große Kunst. Seither übe ich mich in ihr.

Ich habe nur wenige Männer gekannt, die kleinlicher sind als ich.

Wenn ich unter jemandem ein Feuer anzünde, dann nicht nur wegen des Vergnügens, das es mir bereitet, diesen Menschen braten zu sehen, sondern weil er die Mühe lohnt. Es handelt sich also um ein Kompliment, eine Auszeichnung; möge er es mir danken und den Mund halten. Die Kleinen, die Gemeinen, die Unwürdigen brate ich nicht.

Da ich nichts getan habe, dessen ich mich schämen müsste, schämte ich mich auch nicht.

Ich schätze ein gutes, herzliches Kompliment höher als Rubine.

Beide Seiten eines Gegensatzes wirken auf mich gleichermaßen reizend. Eine durch und durch schöne Frau und eine durch und durch hässliche Frau sind Geschöpfe, die ich gern anschaue und die anzuschauen ich nicht müde werde, denn jede ist auf ihre Art vollkommen, und ich glaube, in vielen Dingen, vielleicht in den meisten, ist *Vollkommenheit* die Qualität, die uns fasziniert.

Kompliziertheiten ärgern mich; sie irritieren mich; und dann schlägt der zunehmende Ärger sofort in Wut um.

Ich habe noch nie ein Versprechen halten können. Ich mache mir dieser Schwäche wegen keine Vorwürfe, denn der Fehler muss in meiner Körperbeschaffenheit liegen. Wahrscheinlich nimmt das Organ, das mich Versprechen *machen* lässt, so viel Platz ein, dass das Organ, welches mich Versprechungen halten lassen sollte, verdrängt wurde.

Es geschieht immer. Ich schüttele Leuten die Hand, die meine Mutter gut kannten, aus Arkansas, aus New Jersey, aus Kalifornien, aus Jericho – und ich muss so tun, als sei ich froh und glücklich, Menschen zu begegnen, die jemanden, der mir so lieb und teuer war, so gut gekannt haben. Das gehört zu den Dingen, die einen langsam zu einem höflichen Lügner und Betrüger machen, denn an keinem dieser Orte ist meine Mutter je gewesen.

Früher war ich ein ehrlicher Mann.

Ich werde mich als *würdig* erweisen, trotz allem.

Guter Geschmack ist mir wichtiger als Rechtschaffenheit.

In meinen frühen Mannesjahren und im mittleren Alter versuchte ich hin und wieder, mich mit moralischen Besserungsvorhaben zu quälen. Und ich hatte nie Anlass, diese Abzweigungen zu bedauern, denn ob die daraus resultierenden Entbehrungen lange anhielten oder nicht, das dankbare Vergnügen, das mir das Laster bereitete, wenn ich wieder zu ihm zurückkehrte, entschädigte mich stets für die Kosten.

Ich spiele, um zu *gewinnen*.

Wenn es hier in der Nähe eine Kirche gäbe, deren Kirchturm hoch genug wäre, um als Herausforderung zu dienen, dann würde ich hingehen & drüberspringen.

Jungs wie mich gibt's nicht alle Tage. Wir sind überaus selten. Wir sind eine Art menschliche Jahrhundertpflanze, & wir blühen nicht in jedem Vorgarten.

Jeder Mensch ist ein Mond

Jeder Mensch ist ein Mond und besitzt eine dunkle Seite, die er niemals jemandem zeigt.

Wir verfügen über keinerlei nennenswerte Beweise, dass der Mensch Moral hat. Er selbst ist dafür der einzige Zeuge.

Pessimisten werden als solche geboren, nicht dazu gemacht. Optimisten werden als solche geboren, nicht dazu gemacht.

Wann immer wir einen starken, beharrlichen, unauslöschlichen Instinkt besitzen, können wir sicher sein, dass er nicht originär ist, sondern ererbt – ererbt aus grauer Vorzeit und verfestigt und vervollkommnet durch den versteinernden Einfluss der Zeit.

Mannigfaltige Erfahrung hat mich gelehrt, dass der Mut keines Menschen vollkommen ist, dass es stets jemanden gibt, von dem er sich den Schneid abkaufen lässt.

Man kann nicht wirkungsvoll komisch sein, wenn man zeigt, dass man Angst davor hat.

Sicher ist nichts so erstaunlich, so unerklärlich wie die Belastbarkeit einer Frau.

Ein Mann, der mit einem Prophezeiungsgewehr umherläuft, sollte niemals entmutigt werden: Wenn er seinen Mut behält und auf alles schießt, was sich ihm bietet, wird er mit Sicherheit irgendwann einen Treffer landen.

Der Mann mit einer neuen Idee ist ein komischer Kauz, bis sich die Idee durchsetzt.

Der zaghafte Mann schmachtet nach dem vollen Wert und fordert ein Zehntel. Der kühne Mann streitet um den doppelten Wert und schließt einen Kompromiss auf pari.

Im Leben des Menschen gibt es zwei Zeitpunkte, zu denen er nicht spekulieren sollte: wenn er es sich nicht leisten kann und wenn er es kann.

Es gibt mancherlei geeigneten Schutz gegen Versuchungen, aber der sicherste ist die Feigheit.

Eine einfache Regel, Geld zu sparen: Um die Hälfte zu sparen, wenn dich ein heftiger Impuls treibt, zu einem Werk der Nächstenliebe beizusteuern, warte ab und zähle bis vierzig; um drei Viertel zu sparen, zähle bis sechzig; um alles zu sparen, bis fünfundsechzig.

Die Zeit war gekommen, wenigstens einmal in meinem Leben etwas Kluges zu tun. Doch alte Gewohnheiten lassen sich nur schwer ablegen, und so tat ich stattdessen natürlich etwas Törichtes.

Wir wollen froh sein, dass es Narren gibt. Ohne sie hätten wir anderen keinen Erfolg.

Stets sind wir darauf bedacht, eher wegen eines Talents gerühmt zu werden, das wir *nicht* besitzen, als für die fünfzehn gelobt zu werden, die uns tatsächlich zu eigen sind.

Ich halte es für wahrscheinlich, dass wir alle die Leistungen anderer Menschen bewundern lernen und dann wieder und wieder davon erzählen, bis wir, unmerklich und ohne es zu ahnen, den Leistungsträger beiseiteschieben und selbst seinen Platz einnehmen.

Deine menschliche Umgebung ist es, die das Klima bestimmt.

Naturgemäß umgeben wir uns mit Leuten, deren Gewohnheiten und Einstellungen mit den unsrigen übereinstimmen.

Kummer kann sich allein behelfen; aber um eine Freude voll auszukosten, muss man sie mit jemandem teilen können.

Die allumfassende Brüderlichkeit des Menschen ist unser kostbarster Besitz, so viel eben davon da ist.

Der Mensch ist zu vielem fähig, um Liebe zu erringen, er ist zu allem fähig, um Neid zu erwecken.

Wenn wir es nur versuchen, können wir leicht lernen, Unglück zu ertragen. Das Unglück anderer, meine ich.

Es gibt Menschen, die bringen alle schönen und heroischen Taten fertig, nur eine nicht: sich zu enthalten, den Unglücklichen von ihrem Glück zu erzählen.

Menschen, die glauben, dass es so etwas wie Glück und Pech nicht gibt, haben ein Recht auf ihre Meinung, obwohl ich finde, dass sie dafür erschossen gehören.

Es hat mich manches Jahr gekostet, mich hochzuarbeiten, bis ich vornehm tun konnte, aber jetzt tue ich es.

Niemand ist ganz so ungesittet wie die Übervornehmen.

Wir können uns der Anerkennung anderer versichern, wenn wir recht handeln und ernstlich streben; aber unsere eigene ist das Hundertfache davon wert, und sich dieser zu versichern, ist noch kein Weg gefunden.

Wenn man uns nicht achtet, sind wir schwer gekränkt; doch tief im Herzen hegt niemand Achtung vor sich selbst.

Gut zu sein ist edel, aber anderen zu zeigen, wie man gut sein kann, ist edler und macht keine Mühe.

Diejenige kann sein Verhalten am besten ändern, die einen Platz in seinem Herzen hat.

Tue grundsätzlich jeden Tag etwas, was du nicht gerne machst. Das ist die goldene Regel, um die Fähigkeit zu erwerben, deine Pflicht mühelos zu tun.

Gib deine Illusionen nicht auf. Wenn du sie verloren hast, existierst du wohl noch, aber du hast aufgehört zu leben.

Es ist leichter, draußen zu bleiben, als herauszukommen.

Kleide dich nachlässig, wenn es sein muss, aber bewahre dir eine reinliche Seele.

Es braucht das Zusammenwirken deines Feindes und deines Freundes, um dich ins Herz zu treffen; des einen, der dich verleumdet, und des anderen, der dir die Nachricht zuträgt.

Es gibt einen Trinkspruch aus alter Zeit, der köstlich ist und wunderschön: »Mögest du keinem Freund begegnen, wenn du den Berg des Wohlstands erklimmst.«

Wir alle fluchen

Wir fangen an zu fluchen, bevor wir sprechen können.

Die Vorstellung, dass ein Gentleman niemals flucht und schwört, ist völlig verkehrt; er kann fluchen und schwören und immer noch Gentleman sein, wenn er es auf charmante, wohlwollende und warmherzige Art tut.

In den ersten zehn Jahren meiner Ehe hütete ich meine Zunge, solange ich im Haus war, und wenn die Umstände es verlangten und ich mir Erleichterung verschaffen musste, ging ich hinaus und entfernte mich weit genug. Die Achtung und den Zuspruch meiner Frau schätzte ich weit höher als die Achtung und den Zuspruch der übrigen Menschheit. Ich fürchtete mich vor dem Tag, an dem sie entdecken würde, dass ich nichts weiter als ein übertünchtes Grab war, inwendig voller unterdrückter Sprache. In diesen zehn Jahren war ich so achtsam, dass ich am Erfolg meiner Unterdrückungsbemühungen nicht zweifelte. Deshalb war ich in all meiner Schuld ebenso glücklich, wie wenn ich unschuldig gewesen wäre.

Allein ein Zufall stellte mich schließlich bloß. Eines Morgens ging ich ins Badezimmer, um Toilette zu machen, und ließ die Tür unvorsichtigerweise einen Spalt offen. Es war das erste Mal, dass ich vergessen hatte, sie ganz zu schließen. Ich wusste, wie notwendig es war, auf diese Vorkehrung zu achten, denn Rasieren bedeutete für mich eine unendliche Qual, und nur selten konnte ich die Rasur ohne verbale Hilfe zu Ende bringen. Diesmal war ich ungeschützt und ahnte es nicht. Zwar hatte ich bei dieser Gelegenheit keine außergewöhnliche Mühe mit dem Rasiermesser und konnte mir mit bloßem Gemurre und Geknurre der ungebührlichen Art behelfen, ohne jeden Lärm oder Nachdruck – kein Blaffen und kein Wettern. Dann aber zog ich ein Hemd an. Meine Hemden sind meine eigene Erfindung. Sie sind hinten offen und werden im Rücken geknöpft – wenn es denn Knöpfe gibt. Diesmal fehlte der Knopf. Im Nu nahm meine Gereiztheit um mehrere Grade zu, und meine Äußerungen nahmen ebenfalls zu, an Lautstärke wie an Ausdruckskraft. Aber ich machte mir keine Sorgen, denn die Badezimmertür war massiv, und ich nahm an, dass sie fest geschlossen war. Ich stieß das Fenster auf und warf das Hemd hinaus. Es landete im Gebüsch, wo die Leute es auf dem Weg zur Kirche bewundern konnten, wenn ihnen danach war; Hemd und Passanten trennte nur ein fünfzehn Meter breiter Rasenstreifen. Noch immer von ferne grollend und donnernd, zog ich ein anderes Hemd an. Wieder fehlte der Knopf. Entsprechend meiner Notlage verstärkte ich meine Sprache und warf auch dieses Hemd aus dem Fenster. Ich war zu wütend – zu unzurechnungsfähig –, um das dritte Hemd vorab in Augenschein zu nehmen, sondern zog es wild geworden an. Wieder fehlte der Knopf, und das dritte Hemd folgte seinen Kameraden durchs Fenster. Dann richtete ich mich auf, sammelte meine Reserven und lancierte einen Kavallerieangriff. Mitten in diesem großen Sturm fiel mein Blick auf die offen stehende Tür, und ich erstarrte.

Ich brauchte eine gute Weile, um meine Toilette zu beenden. Ich dehnte die Zeit unnötig aus, um zu entscheiden, was unter den gegebenen Umständen zu tun sei. Ich versuchte zu hoffen, dass Mrs. Clemens noch schlief, wusste es aber besser. Durchs Fenster konnte ich nicht entkommen. Es war schmal und eignete sich nur für Hemden. Schließlich entschloss ich mich, mit der Miene eines Menschen, der nichts verbrochen hat, mutig durchs Schlafzimmer zu schlendern. Die Hälfte der Strecke legte ich erfolgreich zurück. Ich wandte meinen Blick nicht in ihre Richtung, das wäre zu riskant gewesen. Es ist sehr schwierig, so auszusehen, als habe man nichts verbrochen, wenn die Fakten dagegensprechen, und mein Vertrauen in meine Darbietung sickerte, je weiter ich kam, umso mehr aus mir heraus. Ich hielt auf die linke Tür zu, die von meiner Frau am weitesten entfernt war. Seit dem Tag, als das Haus erbaut worden war, war sie nie geöffnet worden, doch jetzt schien sie mir den erhofften Ausweg zu bieten. Das Bett war dasselbe, in dem ich jetzt liege und Vormittag um Vormittag mit gleichbleibender Gelassenheit diese Geschichten diktiere. Es war dasselbe alte, kunstvoll geschnitzte schwarze venezianische Bett – das bequemste Bett, das es je gegeben hat, mit genügend Platz für eine ganze Familie und genügend geschnitzten Engeln, die seine gewundenen Säulen, sein Kopf- und sein Fußende krönen, um den Schläfern Frieden und angenehme Träume zu schenken. Mitten im Zimmer blieb ich stehen. Ich hatte nicht die Kraft, weiterzugehen. Ich fühlte mich anklagenden Augen ausgesetzt – glaubte, dass selbst die geschnitzten Engel mich mit unfreundlichen Blicken prüften. Sie wissen, wie es ist, wenn Sie überzeugt sind, dass hinter Ihnen jemand Sie mit Blicken verfolgt. Sie müssen sich einfach umdrehen – es geht nicht anders. Ich drehte mich also um. Das Bett stand, wo es jetzt steht, aber das Fußende war da, wo das Kopfende hätte sein sollen. Hätte das Bett richtig herum gestanden, das hohe Kopfbrett hätte mich geschützt. Aber das Fußbrett bot keine hinreichende Deckung, so dass ich zu sehen war – exponiert, ohne jeden Schutz. Ich drehte mich um, weil ich nicht anders konnte – und nach all den Jahren erinnere ich mich noch lebhaft daran, was ich sah.

Vor den weißen Kissen sah ich den schwarzen Schopf – sah ich das junge, schöne Gesicht; und ich sah die freundlichen Augen, aber in diesen Augen war etwas, was ich noch nie gesehen hatte. Sie funkelten und blitzten vor Empörung. Ich merkte, wie ich zerbröckelte, wie ich zu einem

Nichts zusammenschrumpfte unter diesem anklagenden Blick. Unter seinem vernichtenden Feuer stand ich mindestens eine volle Minute lang stumm da – mir kam es wie eine Ewigkeit vor. Dann öffnete meine Frau die Lippen, und von ihnen strömte – *meine letzte Badezimmeräußerung*. Die Sprache war genau getroffen, aber der Ausdruck samten, unpraktisch, lehrlingshaft, unwissend, unerfahren, komisch unangemessen, unsinnig schwach und ungeeignet für die derbe Sprache. In meinem ganzen Leben hatte noch nie etwas so falsch in meinen Ohren geklungen, so unharmonisch, so unvereinbar, so unpassend wie diese kraftvollen Worte, die so schwach vertont worden waren. Ich versuchte, ein Lachen zu unterdrücken, denn der Schuldige, der auf Milde und Gnade angewiesen war, war ja ich. Ich suchte zu verhindern, dass ich vor Lachen platzte, und es gelang mir auch – bis sie feierlich sagte: »So, jetzt weißt du, wie sich das anhört.«

Da explodierte ich; die Luft war voll von meinen Splittern, man konnte sie umherschwirren hören. Ich sagte: »Oh, Livy, wenn sich das so anhört, Gott vergib mir, werde ich es nie wieder tun!«

Da musste auch sie lachen. Beide brachen wir in Zuckungen aus und lachten so lange, bis wir körperlich erschöpft und geistig versöhnt waren.

Beim Frühstück waren die Kinder anwesend – Clara sechs und Susy acht –, und die Mutter machte eine vorsichtige Bemerkung über drastische Ausdrucksweise; vorsich-

tig, weil sie nicht wollte, dass die Kinder irgendetwas arg-
wöhnten – eine vorsichtige Kritik an Kraftausdrücken.
Beide Kinder gaben wie aus einem Munde den Kommen-
tar ab: »Aber Mama, Papa benutzt sie doch auch.«

Ich war erstaunt. Ich hatte geglaubt, das Geheimnis sei
sicher in meiner Brust verschlossen gewesen und sein Vor-
handensein nie vermutet worden. Ich fragte:

»Woher wisst ihr das, ihr kleinen Schlingel?«

»Ach«, sagten sie, »wir lauschen oft am Treppengeländer,
wenn du in der Diele bist.«

Wir alle fluchen – jeder. Einschließlich der Damen.

Wir sind verständige Schafe

Ich weiß, wovon ich rede. Ich bin zu alt & zu weit herumgekommen & habe mich an zu vielen Leuten gerieben, um Menschen nicht ebenso gut zu kennen, wie wir Strudel von Wellen im Fluss unterscheiden konnten.

Wir sind verständige Schafe; wir warten ab, um zu sehen, wohin die Herde läuft, und dann laufen wir mit.

Wir haben zwei Meinungen: eine private, die wir nicht zu äußern wagen, und eine andere – die wir aussprechen –, zu der wir uns zwingen.

Die Leute hören nur auf unbequeme Wahrheiten.

Wenige von uns können Wohlstand ertragen. Den eines anderen, meine ich.

Ein Mitglied der Menschheit würde niemals auf den Gedanken kommen, zum Wohle der Menschheit einen Plan zu entwerfen, der ihm nicht selbst zum Vorteil gereicht.

Manchmal besitzt ein Mensch keine schlechten Gewohnheiten, aber schlechtere.

Der Mensch ist das vernünftige Tier. So wird behauptet. Ich meine, darüber lässt sich streiten.

Der Mensch ist das einzige Tier, das errötet. Oder es nötig hat.

Was sklavische Nachahmung anbelangt, ist der Mensch dem Affen immer überlegen. Dem Durchschnittsmenschen mangelt es an einer eigenständigen Meinung. Er ist nicht daran interessiert, sich durch Studium und Reflexion eine eigene Meinung zu bilden, sondern allein darauf bedacht, die Meinung seines Nachbarn herauszufinden und diese sklavisch zu übernehmen.

Vergötterung – ob ausgesprochen oder nur angedeutet. Niemals vonnöten; niemals verdient, von keinem Menschen. Was muss ein König leiden! Denn in seinem tiefsten Herzen weiß er, dass er wie wir alle ein armer wertloser Erdenwurm ist, eine Spottgeburt, die größte Fehlgeburt, die der Schöpfer ersonnen hat, moralisch allen Tieren unterlegen, in der einen oder anderen herausragenden körperlichen Eigenschaft jedem einzelnen unterlegen, nur in *einem* Talent ist er ihnen überlegen und selbst in diesem einen nicht so, wie er es einschätzt – seinem Intellekt.

Äonenlang musste schon ein wirklich dürftiges Tier sein, was dem Menschen an bestimmten herausragenden Fähigkeiten nicht ungeheuer überlegen war. Zu Beginn verfügte der Mensch nur über die kümmerliche Kraft seiner unbewaffneten Hände, um sein Leben zu schützen, und wenn ihn der Löwe, der Tiger, der Elefant, das Mastodon und die anderen mächtigen Tiere anfielen, war er hilflos wie ein Kaninchen; an Ausdauer war er den anderen Geschöpfen weit unterlegen; im ganzen Bestand gab es kaum ein Tier, das ihn nicht an Schnelligkeit zu Lande beschämte; an Schnelligkeit zu Wasser konnte jeder Fisch ihn übertrumpfen; seine Sehkraft war ein Hohn – was die Wahrnehmung kleinster Dinge betraf, war er mit Blindheit geschlagen, verglichen mit der Sehkraft der Insekten, und der

Kondor konnte ein Schaf aus größerer Entfernung erkennen als er ein Hotel. Mit dem Erfindungsreichtum seines Geistes jedoch hat er sich mit all diesen Gaben künstlich ausgestattet und sie unschlagbar wirkungsvoll gemacht. Seine Lokomotive übertrifft alle Vögel in der Luft und alle Tiere auf dem Felde an Schnelligkeit und überbietet sie an Ausdauer; es gibt im Tierreich keine Augen, die sich mit seinem Mikroskop und seinem Teleskop messen können; die Stärke des Tigers und des Elefanten ist Schwäche, verglichen mit der Durchschlagskraft seiner schrecklichen Kanone, die eine Reichweite von einer Meile hat. Zu Beginn wurde ihm die »Herrschaft« über alles Getier übertragen – ein sehr hübsches Präsent, aber doch nur schöne Worte, die eine nicht existierende Souveränität bezeichneten. Diese aber hat er selbst in eine real existierende umgewandelt und ist in jüngerer Zeit tatsächlich »Herr« geworden. Als er antrat, war er arm an physischen Talenten; inzwischen ist er kraft seines Intellekts das mit Abstand reichste aller Tiere. Aber in Fragen der Moral ist er noch immer arm – in dieser Hinsicht das mit Abstand ärmste der Geschöpfe. Die Götter schätzen allein die Moral; dem Intellekt haben sie weder Komplimente gemacht noch irgendeine Belohnung ausgesetzt. Sollte Intellekt in der nächsten Welt irgendwo willkommen sein, dann in der Hölle, nicht im Himmel.

Alles Menschliche ist leidbestimmt. Selbst des Humors geheime Quelle ist nicht Freude, sondern Leid. Im Himmel gibt es keinen Humor.

Wenn der Wunsch zu töten und die Gelegenheit zu töten immer zusammenträfen, wer würde dem Henker entrinnen?

Mitleid den Lebenden, Neid den Toten.

Wir alle sind Bettler. Jeder auf seine Weise. Der eine Bettler ist zu stolz, als dass er um Pennys bettelt, aber er wird um ein Dollar-Darlehen betteln in dem Wissen, dass er es nicht zurückzahlen kann; ein anderer bettelt nicht um ein Darlehen, sondern um eine Stelle als Postmeister; ein anderer bettelt nicht darum, sondern um eine Einführung in die »Gesellschaft«; einer, der reich ist, wird die Eisenbahngesellschaft nicht um einen Eimer Kohlen anbetteln, dafür aber um eine Fahrkarte; sein Nachbar wird weder Kohlen noch eine Fahrkarte erbetteln, jedoch in einem privaten Gespräch mit einem Anwalt diesem einen hypothetischen Fall vorlegen in der Hoffnung, ihm eine unentgeltliche Meinung zu entlocken; einer, der es verschmähen würde, um irgendetwas dieser Art zu betteln, wird unverhohlen um das Amt des Präsidenten betteln. Keiner von diesen schämt sich seiner selbst, sondern verachtet alle übrigen Bettler.

Ich respektiere meine eigene Art, den Hut herumzureichen, aber nicht die anderer Leute. Das ist nur natürlich.

Komplimente werden nicht oft verschenkt. Man erwartet eine Rendite. Wenn ein Publikum applaudiert, ist es sich gar nicht bewusst, dass es für dieses Kompliment Bezahlung verlangt. Aber das tut es; und falls der Applaus vom Empfänger nicht dankbar honoriert wird – etwa mit einer lächelnden Verbeugung –, wird das Publikum schnell merken, dass es sehr *wohl* mit einem Gegenwert gerechnet hat. Und es wird sich sogleich aus dem Handel zurückziehen; es ist nicht bereit, etwas für nichts zu geben, nicht wenn es sich kennt. Wenn ein schönes Mädchen ein Kompliment von unseren Augen auffängt, zahlt sie dafür sofort in bar: mit einem leichten lieblichen Erröten. Wir waren uns nicht gewahr, dass wir eine Gegenleistung erwarten, aber wenn sie uns, statt leicht zu erröten, mit gekränkter Würde anfunkelt, wissen wir es besser.

Ich bin zu der Annahme berechtigt, dass es im Menschen *viel* mehr Gutes als Böses gibt, denn wenn dies nicht der

Fall wäre, dann hätte der Mensch sich längst selbst ausgerottet. Ich verabscheue den Menschen, dennoch ist es die Wahrheit.

In Wahrheit ist der Mensch unheilbar dumm.

Wir brauchen Zivielcourage

Das Menschengeschlecht war stets interessant, und aus seiner Vergangenheit ersehen wir, dass es immer interessant bleiben wird. Auf monotone Weise. Es bleibt sich immer gleich; es ändert sich nie. Die Verhältnisse ändern sich von Zeit zu Zeit, zum Guten oder zum Schlechten hin, doch der Charakter der Menschheit ist beständig und ändert sich nie. Im Lauf der Zeitalter hat sie mehrere mächtige und bewundernswerte Zivilisationen aufgebaut und es dann erleben müssen, dass sich unvorhergesehene Umstände einschlichen und tödliche Gaben mitbrachten, die wie Vorteile aussahen und freudige Aufnahme fanden, woraufhin sich der Verfall und der Untergang jeder dieser stolzen Zivilisationen einstellte.

Es wäre vergebliche Mühe, verhüten zu wollen, dass die Geschichte sich wiederholt, denn der menschliche Charakter wird es stets unmöglich machen, die Wiederholungen zu verhindern. Wann immer der Mensch hinsichtlich des materiellen Wohlstandes und des allgemeinen Fortschrittes ein großes Stück vorankommt, denkt er unweigerlich, er *sei* fortgeschritten, dabei ist er selbst keinen Zoll weiter, sind ausschließlich seine Verhältnisse fortgeschritten. *Er* steht genau da, wo er vorher stand. Er weiß mehr, als seine Vorfahren wussten, aber sein Verstand ist nicht leistungsfähiger als der ihre und wird es niemals sein. Er ist reicher als seine Vorfahren, aber sein Charakter hat sich gegenüber dem ihren keineswegs verbessert. Reichtümer und Bildung sind kein dauerhafter Besitz; sie gehen verloren wie im Falle Roms und Griechenlands und Ägyptens und Babylons, und es folgt eine sittliche und geistige Mitternacht – mit einem langen, dumpfen Schlaf und einem sehr allmählichen Wiedererwachen. Von Zeit zu Zeit macht der Mensch etwas durch, das wie ein Charakterwandel aussieht, doch es ist kein echter Wandel und ist ohnehin nur flüchtig. Er vermag nicht einmal eine Religion zu erfinden, die er unversehrt bewahren könnte; die Verhältnisse sind mächtiger als er und alle seine Werke. Die Verhältnisse und Umstände wandeln sich ständig und zwingen ihn immerzu, seine Religionen abzuändern, um sich der neuen Situation anzupassen.

Fünfundzwanzig oder dreißig Jahre lang habe ich eine Menge Zeit – vielleicht allzu viel Zeit – an den Versuch verschwendet, mir im Voraus die Vorgänge auszumalen, die unsere Republik in eine Monarchie umwandeln werden, und zu erraten, wie lange es noch bis zu diesem Ereignis dauern mag. Jeder Mensch ist Herr und Knecht, Untertan zugleich. Immer gibt es jemanden, der zu ihm aufblickt und ihn bewundert und beneidet; immer gibt es jemanden, zu dem er aufblickt und den er bewundert und beneidet. Das ist seine Natur, das ist sein Charakter, und dieser ist unveränderlich, unzerstörbar; deshalb sind Republiken und Demokratien nichts für ihn; sie vermögen die Bedürfnisse seiner Natur nicht zu befriedigen. Die Impulse, die von seinem Charakter ausgehen, werden stets Verhältnisse und Umstände hervorbringen, die ihm im Lauf der Zeit einen König und eine Aristokratie bescheren müssen, zu denen er aufblicken und die er verehren kann. In einer Demokratie wird er sich aufrichtig bemühen, die Krone aus dem Spiel zu lassen, aber die Verhältnisse sind mächtige Herren und werden ihn schließlich überwältigen.

Manche Republiken hatten ein langes Leben, aber die Monarchie lebt ewig. In der Schule lernen wir, dass im Gefolge sehr großen materiellen Wohlstandes stets Zustände auftreten, die das sittliche Gefüge einer Nation angreifen und ihre Lebenskraft schwächen – dann werden die Freiheiten dieses Landes zur Handelsware, die man kauft, verkauft, verschleudert, wegwirft, und das anbetende Volk hebt auf Schilden oder Schultern einen Abgott der Massen auf den Thron und setzt ihn für die Dauer ein. Man ermahnt uns ständig – nein, früher ermahnte man uns ständig –, auf Rom zu blicken und uns in Acht zu nehmen. Der Lehrer wies auf Roms strenge Tugend, seine Unbestechlichkeit, seine Freiheitsliebe, seinen aufopfernden Patriotismus

34

hin – damals war Rom noch jung und arm; dann erinnerte er an Roms spätere Zeit, als die Hochblüte seines materiellen Wohlstandes und die gewaltige Ausbreitung seines Herrschaftsbereiches einsetzte, frohlockend vom Volke begrüßt, das nicht ahnte, dass es sich nicht um glückverheißenden Glanz, wohltätigen Segen handelte, sondern um eine Krankheit, die den Keim des Todes in sich trug.

Der Lehrer erinnerte uns daran, dass Roms Freiheiten nicht an einem Tage unter den Hammer kamen, sondern behutsam, nach und nach, heimlich, ganz allmählich aufgekauft wurden; zuerst mit etwas Getreide und Öl für die wahrhaftig Ärmsten und Bedürftigsten, später mit Getreide und Öl für Wähler, die nicht ganz so arm waren, noch später mit Getreide und Öl für so ziemlich jeden, der eine Wahlstimme zu verkaufen hatte – das genaue Gegenstück zu unserer eigenen Geschichte. Zuerst gewährten wir den invaliden Soldaten des Bürgerkrieges zu Recht und aus einem sauberen und ehrenhaften Beweggrund eine Pension, die ihnen verdientermaßen zukam. Hier begann und endete der saubere Beweggrund. Wir haben seither der Pensionsliste viele und überraschende Ergänzungen angefügt, doch aus einem Beweggrund, der die Uniform und die Kongresse, die für die Ergänzungen gestimmt haben, entehrt, denn die einzige Absicht hinter den Ergänzungen war der Kauf von Wahlstimmen. Das ist wieder die Sache mit dem Getreide und Öl und dürfte einen erheblichen Beitrag zum Sturz der Republik leisten und zur Errichtung der

Monarchie an ihrer statt. Die Monarchie würde sowieso, auch ohne diesen Umstand kommen, aber gerade er ist für uns besonders interessant, indem er den Termin wesentlich schneller heranrücken lässt. Wir haben dieselben zwei Bedingungen wie Rom aufzuweisen: ungeheuren Reichtum mit seiner unvermeidlichen Korruption und moralischen Auflösung und die Getreide-und-Öl-Pensionen – das heißt Wahlbestechungen, die Tausende davon in Versuchung geführte Männer ihres Stolzes beraubt und zu willfährigen, schamlosen Almosenempfängern gemacht haben.

Es ist sonderbar – sonderbar, dass in der Welt physischer Mut so weit verbreitet und moralischer Mut so selten ist. Vor ein, zwei Jahren fragte mich ein Veteran des Bürgerkrieges, ob mich nicht manchmal das Verlangen packe, dem alljährlichen Treffen der Großen Armee der Republik beizuwohnen und dort eine Rede zu halten. Ich musste gestehen, dass ich den für das Wagnis erforderlichen moralischen Mut nicht aufbrächte, denn ich würde das Verlangen empfinden, den alten Soldaten Vorwürfe zu machen, weil sie nicht in empörtem Protest gegen die Ergänzungen der Pensionsliste durch unsere Regierung aufstünden, die allein dem Stimmenfang dienen und ihnen für den ganzen Rest ihres tapferen Lebens die Schamröte ins Gesicht treiben müssten. Ich würde mich vielleicht bemühen, diese Worte zu sprechen, brächte aber nicht den Schneid auf und würde versagen. Ich wäre ein auf schwachen Füßen stehender moralischer Feigling, der sich bemühte, ein Haus voll Leuten seines Schlages zu tadeln – Männer, die fast so ängstlich wären wie er selbst, aber bestimmt nicht ängstlicher.

Nun, so steht es – ich bin ein moralischer Feigling wie alle anderen, und doch finde ich es erstaunlich, dass von den Hunderttausenden physisch furchtloser Männer, die auf hundert blutgetränkten Schlachtfeldern dem Tod entgegensahen, ohne mit der Wimper zu zucken, auch nicht ein einziger so viel Mut aufgebracht hat, aufzustehen und tapfer den Kongress zu verfluchen, der ihn mit dem Postenjäger und seinen Bastarden auf eine Stufe gestellt, erniedrigt hat. Jeder lacht über das groteskeste, das schamloseste, das durchsichtigste, das einzige offen ungesetzliche von allen Gesetzen – die unsterbliche Durchführungsbestimmung Nummer 78. Jeder lacht – insgeheim, jeder höhnt – insgeheim, jeder ist empört – insgeheim, jeder schämt sich, einem echten Soldaten ins Gesicht zu schauen – aber keiner bringt seine Empfindungen an die Öffentlichkeit. Das ist vollkommen natürlich und völlig unvermeidlich, denn es liegt in der Natur des Menschen, dass er es hasst, Unangenehmes auszusprechen. Das ist sein Charakter, seine Natur; es ist immer so gewesen, sein Charakter kann sich nicht ändern; wie lange er auch noch existiert, er wird sich um keine Schattierung ändern.

Runzeln sollen nur andeuten, wo das Lächeln lag

Kein Lebensabschnitt sei so angenehm wie das achte Jahrzehnt. Das stimmt. Ich bin gerade siebzig geworden und genieße es sehr.

Es ist schrecklich, alt zu werden. Nach und nach büßt man seine Fähigkeiten und seine Anziehungskraft ein und wird lästig. Die Leute versuchen einem vorzumachen, man sei nicht lästig. Aber ich weiß, dass ich lästig bin.

Mit vierundzwanzig hat ein Mädchen das Leben von seiner besten Seite gesehen – das Leben als glücklichen Traum. Nach diesem Alter beginnen die Risiken; kommt die Verantwortung und mit ihr die Sorgen, die Schmerzen, die unvermeidliche Tragödie.

Mädchen sind reizende Geschöpfe. Ich werde zweimal siebzig Jahre werden müssen, bevor ich meine Meinung dazu ändere.

Als ich jünger war, konnte ich mich an alles erinnern, ob es sich nun zugetragen hatte oder nicht; aber meine Fähigkeiten lassen nach, und bald wird es so sein, dass ich mich nur noch an Letzteres erinnern kann. Es ist traurig, so zu verfallen, aber da müssen wir alle durch.

Halte Dein Herz jung & die Erinnerung frisch, denn die alten Zeiten kehren niemals wieder.

So schön der Schnee auch ist, wenn er fällt, er verliert seine Lieblichkeit schon kurz danach. Das herrlich prosaische Ergebnis sind Frostbeulen & Schneematsch.

Jeder Mensch wird mit einem Besitztum geboren, das alle anderen an Wert übertrifft – seinem letzten Atemzug.

Die letzten Worte etlicher Leute, ob durch Zufall oder durch Absicht, waren so schlecht gewählt, dass sie den eigentlichen Ruhm des Betreffenden überdauerten.

Um noch im Sterben richtig höflich zu sein, bedarf es der *Schulung*. Viele haben sich daran versucht. Ich nehme an, nur wenigen ist es gelungen.

Vorgestern gingen wir zu der Burg; sie schien mit mir verwandt, weil auch ich eine Ruine bin.

Hässlich! Ich war in meinem ganzen Leben nicht hässlich! Vor vierzig Jahren sah ich noch nicht so gut aus. Damals hielt ein Spiegel drei Monate. Heute kann ich ihn in zwei Tagen verschleißen.

Auch im Alter beschert die Nacht mir oft tiefe Zerknirschung, wie in meiner Jugend. Ich merke, dass ich von der Wiege an wie der Rest der Menschheit gewesen bin – nachts nie so recht zurechnungsfähig.

Runzeln sollen nur andeuten, wo das Lächeln lag.

Das Leben eines Knaben besteht nicht nur aus Komödien

Das Leben eines Knaben besteht nicht nur aus Komödien; auch viel Tragisches hält darin Einzug.

Meine Mutter hatte eine Menge Kummer mit mir, aber ich vermute, dass sie Vergnügen daran fand. Mit meinem Bruder Henry, der zwei Jahre jünger war als ich, hatte sie überhaupt keinen Kummer, und ich vermute, die ungebrochene Monotonie seiner Tugendhaftigkeit, Ehrlichkeit und Gehorsamkeit wäre eine Bürde für sie gewesen, wenn ich ihr nicht etwas Erleichterung und Abwechslung in der entgegengesetzten Richtung verschafft hätte. Ich war ein Tonikum. Ich war wertvoll für sie. Früher ist mir das nicht in den Sinn gekommen, aber inzwischen sehe ich es so.

An meinem ersten Schultag war ich sieben Jahre alt. Eine dralle Fünfzehnjährige, angetan mit herkömmlichem Sonnenhut und Kattunkleid, fragte mich, ob ich Tabak »benutze« – sie meinte, ob ich Tabak kaue. Ich verneinte. Damit erntete ich ihren Hohn. Sie erstattete der ganzen Gruppe Bericht und sagte:

»Hier ist ein Siebenjähriger, der keinen Tabak kauen kann.«

An den Blicken und den Bemerkungen, die dieser Satz hervorrief, merkte ich, dass ich ein Etwas niederer Art war; es beschämte mich maßlos, und ich beschloss, mich zu bessern. Aber ich erreichte nur, dass mir übel wurde; ich konnte das Tabakkauen einfach nicht erlernen. Tabak rauchen lernte ich recht gut, doch das stimmte niemanden versöhnlich, und ich blieb ein armer Tropf ohne jeden Charakter. Ich sehnte mich danach, respektiert zu werden, vermochte aber nicht aufzusteigen. Kinder haben nur wenig Verständnis für die Schwächen der anderen.

Alle Neger waren unsere Freunde und die in unserem Alter in Wirklichkeit Kameraden. Ich sage »in Wirklichkeit« und verwende den Ausdruck als Einschränkung. Wir waren Kameraden und doch keine Kameraden; Hautfarbe und sozialer Status zogen eine Trennlinie, welcher sich beide Parteien unterschwellig bewusst waren und die eine völlige Verschmelzung unmöglich machte.

Eine wahre Begebenheit
Wort für Wort, wie sie mir erzählt wurde

Es war im Sommer zur Abenddämmerung. Wir saßen auf dem überdachten Vorbau des Farmhauses, das oben auf dem Hügel lag, und »Tante Rachel« saß respektvoll tiefer als wir, auf den Stufen – denn sie war unsere Bediente und Negerin. Sie war mächtig und stark gebaut; trotz ihrer sechzig Jahre verfügte sie noch über ein klares Auge und ihre unverminderte Kraft. Eine fröhliche, muntere Seele war sie, und das Lachen fiel ihr so leicht wie dem Vogel das Singen. Wie gewöhnlich nach Feierabend nahmen wir sie nun aufs Korn. Das soll heißen, wir zogen sie ohne Gnade auf, und ihr gefiel das. Sie brach ein über das andere Mal in schallendes Gelächter aus, und dann saß sie da, die Hände vor dem Gesicht, und schüttelte sich vor Vergnügen, so dass ihr fast die Luft wegblieb.

In solch einem Augenblick kam mir ein Gedanke, und ich sagte: »Tante Rachel, wie kommt es eigentlich, dass du in deinen ganzen sechzig Jahren nicht ein einziges Mal Kummer hattest?«

Das Schütteln hörte auf. Sie hielt inne, und eine Weile herrschte Schweigen. Dann wandte sie mir ihr Gesicht über die Schulter zu und sagte ohne eine Spur von Heiterkeit: »Mista C., soll das Ihr Ernst sein?«

Das überraschte mich sehr und setzte auch meinem Benehmen und meinem Reden einen Dämpfer auf. Ich sagte:

43

»Nun, ich dachte – das heißt, ich meine – also, du *kannst* keinen Kummer gehabt haben. Ich habe dich noch nie seufzen hören, und deine Augen habe ich noch nie ohne ein Lachen darin gesehen.«

Sie wandte sich nun ganz herum und war vollkommen ernst.

»Ob ich mal Kummer gehabt hab? Mista C., ich werde Ihnen was erzählen, dann können Sie ja sehn. Ich bin im Süden unter Sklaven geborn; ich kenn die Sklaverei genau, weil ich selber einer war. Nun, Sir, mein Alter – das is mein Mann –, der war lieb und gut zu mir, genauso gut wie Sie zu Ihrer Frau. Und wir haben Kinder gehabt, sieben Stück, und wir haben die Kinder geliebt, genau wie Sie Ihre Kinder lieben. Sie waren schwarz, aber der Herr kann die Kinder so schwarz machen, wie er will, die Mutter liebt sie doch und würde sie nich hergeben, nein, nich um alles auf der Welt.

Also, Sir, ich bin im alten Virginia aufgewachsen, aber meine Mutter, die is in Maryland aufgewachsen; und meine Güte, war die furchtbar, wenn die erst mal anfing! Au Backe, aber die legte los, dass die Fetzen flogen! Wenn sie in Wut geriet, da hat sie immer einen Satz gehabt, den sie gesagt hat. Da hat sie sich richtig aufgebaut und die Fäuste in die Hüften gestemmt und gesagt: ›Merk dir das eine, ich bin keine von den‹, die auf ’n Leim dir gehn! Bin eins der Kücken von der alten blauen Henne, bin ich!‹ Weil, wissen Sie, so nennen sich die, was oben in Maryland geborn sind, und die sind stolz drauf. Jawohl, das war ihre Rede. Die vergess ich Ihnen nie, weil sie sie so oft gebraucht hat und weil sie sie an dem Tage gebraucht hat, wo sich mein kleiner Henry das Handgelenk furchtbar aufgerissen und den Kopf so arg aufgeschlagen hat, genau oben an der Stirn, und die Neger nich schnell genug rumgeflitzt sind, um ihm zu helfen. Und wie sie ihr noch was Widerpart geben wolln, da fährt sie hoch und sagt: ›Guck her!‹, sagt sie, ›ihr Neger merkt euch das eine, ich bin keine von den‹, die auf 'n Leim euch gehn! Bin eins der Kücken von der alten blauen Henne, bin ich!‹, und dann warf sie alle aus der Küche raus und verband das Kind selber. Da gebrauch ich selber nun diesen Satz, wenn man mich ärgert.

Gut, 'ne Weile später sagt meine alte Herrin, sie is pleite und muss alle Neger, was sie hat, verkaufen. Und wie ich gehört hab, dass sie uns alle auf der Oktion in Richmond verkaufen wolln, oh, du lieber Himmel! Ich hab schon gewusst, was das heißt!«

Tante Rachel hatte sich allmählich erhoben, während sie bei dem Thema warm wurde, und nun ragte sie schwarz gegen die Sterne vor uns auf.

»Sie haben uns Ketten angelegt und uns auf 'n Podest gestellt, so hoch wie der Vorbau hier – zwanzig Fuß hoch –, und die Menge stand drum herum, Leute über Leute. Und dann kamen sie rauf und guckten uns ringsrum an, kniffen uns in den Arm, ließen uns aufstehn und rumlaufen, und dann sagten sie: ›Der 's zu alt‹ oder: ›Der hinkt‹ oder: ›Der taugt nicht viel.‹ Und da haben sie meinen Mann verkauft und weggeführt und machten sich dran, die Kinder zu verkaufen und *sie* wegzunehmen, und ich fing an, laut zu heulen. Da sagte der Mann: ›Hör auf mit dem verdammten Plärren‹, und schlug mir mit der Hand auf den Mund. Und wie alle weg waren bis auf den kleinen Henry, da drückte ich ihn fest an meine Brust, so, und stand auf und sagte: ›Den dürft ihr mir nicht nehmen‹, sagte ich, ›ich bring den um, der ihn anrührt!‹, sag ich. Aber der kleine Henry flüsterte mir zu: ›Ich werd ausreißen, und dann arbeit ich und kauf dich frei.‹ Oh, das liebe Kind, es war immer so gut! Aber sie nahmen ihn mit – sie nahmen ihn mit, die Männer; aber ich hab den meisten die Kleider runtergerissen und ihnen meine Kette über den Kopf gedroschen; und die haben's mir auch gegeben, aber das war mir egal.

Nun, da war mein Mann weg und alle meine Kinder, alle meine sieben Kinder – und sechs davon hab ich bis auf 'n heutigen Tag nicht mehr gesehn, und das war letzte Ostern zweiundzwanzig Jahre her. Der Mann, der mich gekauft hat, wohnte in New Berne, und er nahm mich mit dorthin. So nach und nach flossen die Jahre dahin, und der Krieg kam. Mein Herr war Oberst bei den Konföderierten, und ich war Koch der Familie. Wie nun die Unionstruppen die Stadt einnahmen, sind sie alle getürmt und haben mich mit den anderen Negern ganz allein in dem riesigen großen Haus gelassen. Da sind die hohen Unionsoffiziere eingezogen und haben mich gefragt, ob ich für *sie* kochen will. ›Der Herr segne euch‹, habe ich gesagt, ›dazu bin ich ja da!‹

46

Das waren keine kleinen Offiziere, wenn Sie nichts dagegen haben, das waren die höchsten, die's gibt; und wie die dafür gesorgt haben, dass die Soldaten verduften! Der Gennaral, der hat mir gesagt, ich soll die Küche übernehmen, und er sagte noch: ›Wenn dir irgendjemand in die Quere kommt, dann machst du ihnen einfach Dampf; hab keine Angst‹, sagte er, ›du bist jetzt unter Freunden.‹

Na, da hab ich so bei mir gedacht, wenn mein kleiner Henry jemals 'ne Gelegenheit hat auszureißen, dann geht er natürlich nach'm Norden. Deshalb bin ich den einen Tag dort reingegangen, zu den hohen Offizieren ins Wohnzimmer, hab einen Knicks gemacht, so, und bin wieder hoch und hab ihnen von meinem Henry erzählt, wobei die zugehört haben, genau wie wenn ich 'n Weißer gewesen war. Und ich sagte: ›Weshalb ich komm, is, weil Sie ihn vielleicht gesehen haben, wenn er ausgerissen und nach'm Norden gegangen is, wo Sie Genlmen her sind, und weil Sie's mir vielleicht sagen können, damit ich ihn wiederfinde. Er war sehr klein und hatte 'ne Narbe am linken Handgelenk und oben an der Stirn.‹

Da sahen sie ganz traurig aus, und der Gennaral fragte: ›Wie lange is das schon her, seit du ihn verloren hast?‹ Und ich sagte: ›Dreizehn Jahre.‹ Da sagte der Gennaral wieder: ›Dann is er jetzt nich mehr klein – der is ein Mann!‹

Daran hatt ich überhaupt noch nich gedacht! Für mich war er immer nur das kleine Kerlchen gewesen. Ich hab mir nich vorgestellt, dass er wächst und groß wird. Aber nun war mir das klar. Keiner von den Genlmen hat ihn getroffen, deshalb konnten sie für mich nichts tun. Aber die ganze Zeit über *war* Henry schon im Norden, obwohl ich das nich gewusst hab, Jahr um Jahr, und er war Friseur und arbeitete selbständig. Und wie später der Krieg kam, da raffte er sich auf und sagte: ›Ich bin lange genug Friseur gewesen‹, sagte er, ›ich geh jetzt meine alte Mammi suchen, wenn sie nich schon tot is.‹ Da verkaufte er alles und ging dorthin, wo sie Rekruten anwarben, und meldete sich als Bursche vom Obersten. Und dann hat er alle Schlachten mitgemacht, überall, um seine alte Mammi zu suchen; ja wirklich, er war erst bei einem Offizier, dann bei ’nem andern, bis er den ganzen Süden durchgestöbert hatte; aber verstehn Sie, *ich* hab davon keine Ahnung gehabt. Woher hätt ich das wissen solln?

Nun, den einen Abend fand bei uns ’n großer Soldatenball statt; die Soldaten da in New Berne haben immerzu Feste gefeiert und sich benommen! Die hielten sie in meiner Küche ab, reichlich oft, weil sie so groß war. Aber verstehn Sie, ich konnte solche Geschichten nich leiden, denn ich gehörte zu den Offizieren, und das hat mich gekränkt, wenn die einfachen Soldaten so in meiner Küche rumgesprungen sind. Aber ich stand immer dabei und hielt Ordnung, jawohl; und manchmal haben sie mich in Rage gebracht, da hab ich sie aber aus der Küche rausbugsiert, das kann ich Ihnen versichern!

Gut, den einen Abend, ’s war an einem Freitag, da kam

48

ein ganzer Zug von dem Negerregiment, das bei uns Wache hielt – das Haus war Hauptquartier, wissen Sie –, und da war ich vielleicht geladen! Wütend? Ich hab gekocht vor Wut! Da bin ich aufgeblasen rumstolziert und rumstolziert; ich hab sie bloß angestachelt, dass sie was tun, damit ich losgehen kann. *Und* die haben getanzt und gewalzt, meine Güte! Aber *die* haben sich amüsiert! Und ich hab mich immer weiter aufgeblasen! Bald danach kam *so* ein schmucker junger Neger, ein braunes Mädchen um die Hüfte gepackt, die Küche langgewirbelt, und rundum, rundum flogen sie, dass man schon vom Zugucken betrunken wurde, und wie sie vor mir anlangten, gingen sie dazu über, erst auf einem Bein, dann auf dem anderen rumzubalancieren, und dabei lachten sie über meinen großen roten Turban und machten sich lustig über mich. Da fuhr ich hoch und sagte: ›Macht, dass ihr wegkommt – Unflat!‹ Ganz plötzlich ging da für eine Sekunde 'ne Veränderung über das Gesicht des jungen Mannes, aber dann hat er wieder gelächelt wie zuvor.

Na, ungefähr um die Zeit kamen paar Neger rein, die Musik machten und zur Kapelle gehörten; und die können nich anders als sich aufspielen. Und gleich, wie sie sich das erste Mal aufspielten an dem Abend, fuhr ich auf sie los! Sie lachten, und das machte mich noch böser. Die übrigen Neger fingen auch an zu lachen, aber *da* brannte ich vor Zorn, bei meiner lebendigen Seele! Meine Augen haben richtig Feuer geschlagen! Ich hab mich aufgebaut, so – genau wie jetzt, bis rauf an die Decke fast –, die Fäuste in die

Hüften gestemmt und gesagt: ›Guckt her!‹, hab ich gesagt, ›ihr Neger merkt euch das eine, ich bin keine von den‹, die auf'n Leim euch gehn! Bin eins der Kücken von der alten blauen Henne, bin ich!‹ Und dann seh ich, wie der junge Mann steif und starrend dasteht, an die Decke hinaufblickt, als hätt er was vergessen und könnt sich nicht mehr dran erinnern. Gut, ich marschiere einfach auf die Neger los – so hier, wie 'n Gennaral –, und die machen einfach Platz vor mir und verschwinden zur Tür raus. Und wie dieser junge Mann rausgeht, hör ich, wie er zu 'nem andern Neger sagt: ›Jim‹, sagt er, ›geh du nur und sag dem Hauptmann, ich bin morgen früh um acht wieder da; ich hab da noch was vor‹, sagt er, ›ich schlaf heute nacht nich mehr. Geh du nur‹, sagt er, ›und lass mich allein.‹

Das war ungefähr um eins in der Nacht. Nun, ungefähr um sieben war ich wieder auf der Achse, machte den Offizieren das Frühstück. Ich bückte mich runter zum Herd – genau so, wie wenn Ihr Fuß der Herd war –, und ich mach die Herdtür mit der rechten Hand auf – hab sie so zurückgestoßen, wie ich jetzt Ihren Fuß stoße –, und ich hab schon die Pfanne mit den heißen Zwiebackkuchen in der Hand und will gerade aufstehn, da seh ich 'n schwarzes Gesicht genau unter meinem rumkommen, die Augen guckten gerade in meine, genau wie ich jetzt so dicht unter Ihrem Gesicht hochgucke, und da blieb ich mit einem Ruck, wie ich war, und rührte mich nich mehr – hab nur noch so hingestarrt und hingestarrt, und die Pfanne fing an zu zittern, und ganz plötzlich wusste ich's! Die Pfanne fiel runter, und ich packte seine linke Hand und schob den Ärmel zurück – genau so, wie ich 's bei Ihnen mache –, und dann nahm ich die Stirn, schob das Haar weg, und ›Junge!‹, sagte ich, ›wenn du nicht mein Henry bist, wie kommt da diese Schmarre ans Handgelenk und die Narbe auf die Stirn? Der Herrgott im Himmel sei gepriesen, ich hab meinen Sohn wieder!‹

O nein, Mista C., *ich* hab noch keinen Kummer gehabt. Und noch keine *Freude*!«

Mein erster literarischer Versuch

Mit dreizehn Jahren war ich ein sehr geriebener Junge – ein ungewöhnlich geriebener Junge, wie ich damals dachte. Zu dieser Zeit nun verbrach ich mein erstes Zeitungsgekritzel, und höchst unerwartet für mich beschwor es einen feinen Spektakel im Ort herauf. Wahrhaftig, und ich war noch dazu sehr stolz drauf. Ich war Laufbursche in einer Druckerei, ein ehrgeiziger, der vorwärtskommen wollte. Mein Onkel beschäftigte mich bei seiner Zeitung (dem *Weekly Hannibal Journal*, zwei Dollar Pränumeration jährlich, fünfhundert Abonnenten, und die bezahlten mit Klafterholz, Kohlköpfen und unverkaufbaren Rüben), und eines schönen Sommertags verließ er die Stadt auf eine Woche und fragte mich, ob ich es mir zutraue, eine Nummer der

Zeitung besonnen herauszugeben. Ah, als ob ich nicht darauf gebrannt hätte!

Hinton war der Herausgeber des Konkurrenzblattes. Kürzlich hatte ihn seine Flamme sitzengelassen, und eines Abends fand ein Freund einen Zettel auf dem Bett des armen Kerls, auf dem dieser erklärte, er habe das Leben nicht mehr ertragen können und sich im Bear Creek ertränkt. Der Freund raste dorthin und kam gerade dazu, wie Hinton zum Ufer zurückwatete! Er hatte beschlossen, es nicht zu tun. Mehrere Tage lang war das Stadtgespräch, wovon Hinton allerdings keinen Schimmer hatte.

Das hielt ich für eine günstige Gelegenheit. Ich verfasste einen ausgemacht niederträchtigen Bericht der ganzen Sache und illustrierte ihn dann mit abscheulichen Holzschnitten, die ich mit dem Taschenmesser auf die Unterseiten von Holztypen einschnitt – einer davon ein Bild Hintons, wie er im Hemd mit einer Laterne in den Fluss steigt, wobei er mit einem Spazierstock die Wassertiefe prüft. Ich hielt das für ungeheuer drollig und war mir in meiner Einfalt nicht bewusst, dass eine solche Veröffentlichung irgendwie anstößig sein könnte.

Mit diesem Werk zufrieden, schaute ich mich um, wo noch andere Welten zu erobern wären, und mir fiel ein, dass es einen guten, interessanten Lesestoff abgäbe, den Herausgeber einer benachbarten Landzeitung mit einem Stück grundloser Schurkerei zu attackieren, und dann wollte ich »sehen, wie er sich windet«!

Das machte ich und brachte den Artikel in die Form einer Parodie auf das Begräbnis »Sir John Moores« – einer reichlich groben Parodie überdies.

Dann machte ich zügellos zwei prominente Bürger herunter – nicht, weil die etwas getan hätten, wofür sie das verdienten, sondern nur, weil ich es als meine Pflicht erachtete, die Nummer lebendig zu machen.

Als Nächstes gab ich dem neuesten Fremden einen sanften Puff – dem Löwen des Tages, dem prachtvollen Schneidergesellen aus Quincy. Das war ein geziert lächelnder Geck reinsten Wassers und der am »knalligsten« angezogene Mann im ganzen Staat. Er war ein eingefleischter Herzensbrecher. Jede Woche schrieb er für das *Journal* saftige »Dichtungen« über seine jüngste Eroberung. Die Verse für meine Ausgabe waren überschrieben »An Mary in H…!«, was natürlich Mary in Hannibal bedeutet. Aber während ich sie setzte, wurde ich plötzlich vom Scheitel bis zur Sohle von einem Geistesblitz gespalten, den ich für besten Humor hielt; ich quetschte ihn in eine »höllische« Fußnote – so:

»Wir lassen diese Sache noch einmal durchgehen, nur dieses eine Mal noch; aber wir möchten Mr. J. Gordon Runnels ausdrücklich zu verstehen geben, dass wir unseren guten Ruf zu wahren haben und dass er sich ab sofort, wenn er sich mit seinen Freundinnen in der H…l' unterhalten will, dazu einen anderen Übermittler als die Spalten dieser Zeitung aussuchen soll!«

Die Nummer kam heraus, und ich habe noch nie erlebt, dass irgendetwas solche Aufmerksamkeit erregt hätte wie diese neckischen Kleinigkeiten von mir.

Diesmal war das *Hannibal Journal* stark gefragt – was ihm bisher noch nie passiert war. Die ganze Stadt war in Bewegung. Am frühen Vormittag platzte Hinton mit einer Doppelflinte herein. Als er entdeckte, dass es ein Kind war (wie er mich nannte), das ihn so arg mitgenommen hatte, zog er mich nur bei den Ohren und ging wieder; aber er legte am gleichen Abend sein Amt nieder und verließ die Stadt für immer. Der Schneider kam mit seinem Bügeleisen und einer Tuchschere; aber auch er verachtete mich und machte sich noch in der Nacht nach dem Süden davon. Die beiden geschmähten Bürger kamen mit Drohungen, mich zu verklagen, und zogen ab, wütend über meine Nichtigkeit. Der Herausgeber vom Lande tanzte am nächsten Tage dicktuerisch mit indianischem Kriegsgeschrei an, nach Blut dürstend; aber am Ende vergab er mir herzlich und lud mich in eine Schankstube ein, um alle Feindseligkeit bei einem gemütlichen Glase »Fahnestock's Wurmabtreiber« wegzuspülen. Das war sein Witzchen.

Mein Onkel war sehr böse, als er zurückkehrte – ohne Grund, wie ich dachte, wenn man betrachtete, welchen Schwung ich der Zeitung gegeben hatte, und wenn man sich weiter überlegte, dass er vor allem für seine Gesunderhaltung hätte dankbar sein sollen, war er doch durch seine Abwesenheit so wunderbar darum herumgekommen, verklagt, seziert, erschossen und mit dem Tomahawk erschlagen zu werden. Aber er regte sich ab, als er die Abrechnungen sah und feststellte, dass ich tatsächlich die beispiellose Anzahl von dreiunddreißig neuen Abonnenten gewonnen hatte und das Gemüse zum Beweise dessen vorweisen konnte: Klafterholz, Kohl, Bohnen und unverkaufbare Rüben genug auf zwei Jahre für die ganze Familie.

In meinem ersten Lehrjahr beim *Courier* tat ich etwas, was ich seit fünfundfünfzig Jahren zu bereuen versuche. Es war ein Sommernachmittag und genau das richtige Wetter für kostbare Ausflüge an den Fluss und andere Vergnügungen, aber ich war ein Gefangener. Alle anderen hatten frei. Ich war allein und traurig. Ich hatte irgendein Verbrechen begangen, und das war meine Strafe. Ich sollte meinen freien Tag verlieren und noch dazu den Nachmittag in Einsamkeit verbringen. Die Druckerei oben im zweiten Stock hatte ich ganz für mich allein. Ein einziger Trost war mir beschieden, und der war freundlich, solange er vorhielt. Es bestand in der Hälfte einer länglichen dicken Wassermelone, frisch und rot und reif. Ich höhlte sie mit einem Messer aus und konnte sie restlos in mir unterbringen – bis ich so voll war, dass mir der Saft aus den Ohren lief. Es blieb nur noch die leere Schale übrig. Sie war groß genug, dass sie als Kinderwiege hätte dienen können. Ich wollte sie nicht verschwenden, aber mir fiel auch nichts ein, was ich mit ihr anstellen könnte, um mir ein wenig Amüsement zu verschaffen. Ich saß am offenen Fenster, das auf den Gehsteig der Hauptstraße zwei Stockwerke unter mir hinausging, als mir in den Sinn kam, sie jemandem auf den Kopf fallen zu lassen. Ich war unschlüssig wegen der Tollkühnheit dieser Idee und hatte auch einige Bedenken, weil das Amüsement größtenteils zu meinen Gunsten und kaum zugunsten der anderen Person ausfallen würde. Aber ich entschloss mich, es zu wagen. Ich sah aus dem Fenster und wartete, dass der Richtige vorbeikäme – ein sicherer Kandidat –, aber er zeigte sich nicht. Jeder Kandidat oder jede Kandidatin stellte sich als unsicher heraus, und ich musste mich zurückhalten. Endlich aber sah ich den Richtigen nahen. Es war mein Bruder Henry. Er war der bravste Junge der ganzen Gegend. Er tat niemandem etwas zuleide, er kränkte niemanden. Er war zum Verzweifeln brav. Er war von überbordender Güte – aber sie reichte nicht, um ihn auch diesmal zu retten. Ich beobachtete sein Herannahen mit gespanntem Interesse. Er kam angeschlendert, träumte seinen angenehmen Sommertraum und zweifelte nicht daran, dass er sich in der Obhut der Vorsehung befand. Hätte er gewusst, wo ich saß, wäre sein Vertrauen in diesen Aberglauben weniger stark gewesen. Als er sich näherte, verkürzte sich seine Gestalt. Als er sich fast unter mir befand, war er so verkürzt, dass von meinem erhöhten Standort aus nichts als seine Nasenspitze und seine abwechselnd voranschreitenden Füße zu sehen waren. Da hielt ich die Wassermelone hin-

aus, berechnete die Entfernung und ließ sie mit der ausge-
höhlten Seite nach unten fallen. Die Präzision des Geschos-
ses konnte man gar nicht genug bewundern. Mein Bruder
musste noch genau sechs Schritte gehen, als ich das Kanu
losließ, und es war entzückend, zu beobachten, wie die beiden Körper einander langsam näher kamen. Hätte er noch
sieben oder fünf Schritte vor sich gehabt, wäre mein Geschoss danebengegangen. Aber es war genau die richtige
Anzahl Schritte, und die Schale fiel ihm mitten auf den
Kopf und trieb ihn bis zum Kinn in den Erdboden. Die
Stücke der zerschmetterten Wassermelone spritzten wie
Gischt in alle Richtungen und zerbrachen die Fenster im
zweiten Stock. Man musste eine Hebevorrichtung herbei-
schaffen, wie man sie zum Hieven von Gebäuden benutzt,
um Henry hochzuwuchten. Ich wollte hinuntergehen und
ihm mein Mitgefühl aussprechen, aber es wäre zu riskant
gewesen. Er hätte mich sofort verdächtigt. Ich rechnete so
oder so damit, dass er mich verdächtigen würde, doch als
er sein Abenteuer zwei, drei Tage überhaupt nicht erwähnte
– ich behielt ihn die ganze Zeit im Auge, um mich vor Gefahr zu schützen –, glaubte ich schon, dass er mich dieses
eine Mal nicht im Verdacht hatte. Das war ein Fehler. Er
wartete nur auf eine günstige Gelegenheit. Schließlich warf
er mir einen Pflasterstein an die Schläfe, der eine so große
Beule hervorrief, dass ich eine Zeitlang zwei Hüte tragen
musste. Ich brachte dieses Verbrechen meiner Mutter zur
Anzeige, denn ich wollte immer, dass Henry Ärger mit ihr

bekäme, hatte jedoch nie Erfolg. Diesmal glaubte ich, leichtes Spiel zu haben, wenn sie nur erst einmal diese mörderische Beule sähe. Ich zeigte sie ihr, aber sie meinte, das sei nichts. Sie brauchte auch gar nicht erst nach den Umständen zu fragen. Sie wusste, dass ich die Beule verdient hatte und dass es das Beste für mich sein würde, sie als wertvolle Lektion zu akzeptieren und auf diese Weise Nutzen daraus zu ziehen.

Nach jeder Tragödie begriff ich die Warnung und bereute; bereute und bettelte; bettelte wie ein Feigling, bettelte wie ein Hund. […]

Meine Reue war jedes Mal sehr echt, sehr ernst; und nach jeder Tragödie stellte sie sich lange Zeit allnächtlich ein. Das Tageslicht hingegen konnte sie meist nicht ertragen. Sie verblasste, zerfiel und verschwand im hellen Glanz der Sonne. Sie war ein Geschöpf der Furcht und der Finsternis und andernorts nicht von Dauer. Der Tag schenkte mir Mut und Frieden, und des Nachts bereute ich von neuem.

Wir mit unserer winzig kleinen Welt!

Die Größe eines Unglücks ist nicht mit dem Maßstab eines Außenstehenden zu messen, sondern nur mit dem Maßstab dessen, der unmittelbar davon berührt ist. Die verlorene Krone des Königs ist eine ungeheure Sache für den König, für das Kind dagegen ohne Bedeutung. Das verlorene Spielzeug ist eine große Sache für das Kind, in den Augen des Königs dagegen nichts, was ihm das Herz brechen würde.

Das Unheil, das uns trifft, ist nie das, auf das wir vorbereitet sind.

Es ist eins der Geheimnisse unserer Natur, dass ein Mensch völlig unvorbereitet von einem Schicksalsschlag getroffen werden kann und überlebt. Dafür gibt es nur eine vernünftige Erklärung. Der Intellekt ist von dem Schock wie betäubt und begreift den Sinn der Worte nur tastend.

Das Haus eines Menschen brennt ab. Die rauchende Ruine repräsentiert nur ein zerstörtes Heim, das einem nach Jahren der Nutzung und angenehmer Assoziationen teuer war. Da die Tage und Wochen verstreichen, vermisst man irgendwann erst dieses, dann jenes, dann ein Drittes. Und wenn man danach sucht, stellt man fest, dass es sich in dem Haus befunden hatte. Immer ist es etwas *Unverzichtbares* – es gab nur eins seiner Art. Es kann nicht ersetzt werden. Es befand sich in jenem Haus. Es ist unwiederbringlich verloren. Als man es noch hatte, wusste man nicht, dass es unverzichtbar war; das entdeckt man erst jetzt, wenn man sich von seiner Abwesenheit behindert und beeinträchtigt fühlt. Es dauert Jahre, bis die Geschichte verlorener, unverzichtbarer Dinge abgeschlossen ist, und erst dann erkennt man das ganze Ausmaß der Katastrophe.

Wie unbedeutend sind wir mit unserer winzig kleinen Welt! – ein Atom, das mit Myriaden anderer Atomwelten in dem weiten Lichtstrahl schimmert, der von Gottes Antlitz ausströmt – & doch schwatzen wir selbstgefällig von unserem Pünktchen als die Große Welt & betrachten die anderen Pünktchen als nette Kinkerlitzchen, die dazu da sind, unseren Schiffen als Orientierung & den Träumen junger Liebespaare als Inspiration zu dienen.

Streiten sich die Ameisen über knifflige Fragen der Ameisentheologie, klettern sie auf einen Maulwurfshügel & blicken hinaus auf das gigantische Universum einer vier Quadratkilometer großen Wiese & rufen: »Gott ist groß, der all dies für UNS erschaffen hat!«?

Ich begreife nicht, wie sich die Astronomen anders als vollkommen unbedeutend fühlen können, denn jede neue Seite, die sie im Buch des Himmels aufschlagen, offenbart ihnen mehr & mehr, dass die Welt, auf die wir so stolz sind, für das Universum umhertorkelnder Weltkugeln so viel bedeutet wie eine Mücke für die geflügelten & behuften Schwärme & Herden, die die Lüfte verdunkeln & die Steppen & Wälder der Erde bevölkern.

Wir glauben, wir hätten die Lektion gelernt & könnten uns bessern. Doch das ist ein Irrtum. Unsere Natur fällt immer in ihren früheren Zustand zurück, & unser Verhalten richtet sich wieder nach ihren Befehlen.

Was ist der Mensch, dass Gott ihn beachten sollte?

Die Welt steckt voller Überraschungen

Die Welt steckt voller Überraschungen. Sie geschehen auch dann, wenn man am wenigsten damit rechnet.

Offenbar gibt es nichts, was es nicht gibt.

Im Leben gibt es *keine* trivialen Vorkommnisse, wenn wir sie nur aus der richtigen Perspektive betrachten.

Die Wirklichkeit ist seltsamer als die Dichtung, aber das liegt daran, dass die Dichtung sich an Wahrscheinlichkeiten halten muss; die Wirklichkeit nicht.

Was für eine gewaltige Bevölkerung dieser Planet beherbergt, wenn man alle an einem Ort versammelt.

Was für einen winzig kleinen Bruchteil des Lebens machen die Taten und Worte eines Menschen aus! Sein wirkliches

Leben findet in seinem Kopf statt und ist niemandem bekannt außer ihm.

Biographien sind nur die Kleider und Knöpfe des Menschen – die Biographie des Menschen kann nicht geschrieben werden.

Die Ereignisse des Lebens sind überwiegend kleine Ereignisse – nur aus der Nähe betrachtet, erscheinen sie groß.

Das Leben besteht größtenteils – oder auch nur großenteils – nicht aus Tatsachen und Geschehnissen. Es besteht größtenteils aus dem Ansturm der Gedanken, die einem unablässig durch den Kopf wehen.

Diese Macht der Assoziation, schimmelige tote Erinnerungen aus ihren Gräbern zu reißen und wiederaufstehen zu lassen!

Prophezeiungen, die wertvolle Dinge, wünschenswerte Dinge, gute Dinge, ehrenvolle Dinge verheißen, gehen nie in Erfüllung. Sich erfüllende Prophezeiungen dieser Art sind wie Kriege, die für eine gute Sache ausgefochten werden – sie sind so selten, dass sie nicht zählen.

Wir sind es gewohnt, in allem die Hand der Vorsehung zu erblicken. Sind es gewohnt, weil wir, wenn wir sie übersehen oder glauben sie über sehen zu haben, genügend Diskretion besitzen, es uns nicht anmerken zu lassen. Wir sind ein taktvolles Volk. Bedenkenlos haben wir das Verdienst an dieser schönen und prächtigen neuen Zivilisation der Vorsehung zugeschrieben und sind in unserem Lob für diese große Wohltat ziemlich maßlos gewesen; wir haben über die grandiose Beachtung, die sie uns fünf Minuten lang geschenkt hat, nicht schweigen können, wir können nur über die Jahrhunderte der Vernachlässigung schweigen, die ihr vorausgingen und die sie so bemerkenswert machen. Wenn die Vorsehung einen ihrer Erdenwürmer in einem Sturm ins Meer schwemmt, ihn vierunddreißig Tage auf einer Planke hungern und frieren lässt und ihn am Ende auf einer unbewohnten Insel noch einmal Schiffbruch erleiden lässt, wo er drei Monate von Krabben, Grashüpfern und anderen Schalentieren lebt, um schließlich durch einen alten whiskeygetränkten, gotteslästerlichen und ungläubigen Vagabunden von Kapitän gerettet und ohne Gegenleistung zu seinen Freunden zurückgebracht zu werden, dann vergisst der Erdenwurm, dass es die Vorsehung war, die ihn über Bord gespült hat, und behält nur, dass die Vorsehung ihn gerettet hat. An der plumpen, langsamen und schwerfälligen Erfindungsgabe der Vorsehung in Sachen Lebensrettung hat er nichts auszusetzen, hat keine sarkastischen Worte für sie übrig, erblickt in ihrer Zögerlichkeit, ihrer Ineffektivität nichts als Nahrung für Bewunderung, empfindet sie als Wunder, als Mirakel; und je länger sie braucht, je ineffektiver sie ist, desto größer das Mirakel; unterdessen gestattet er sich niemals, dem zähen alten Kapitän, der ihn wirklich gerettet hat, ein herzliches, inniges, uneingeschränktes Loblied zu singen, sondern tut ihn halbherzig als »Instrument der rettenden Vorsehung« ab.

Zweifellos ist die mentale Telegraphie ein Treiben, das stets im Stillen wirkt – in der Mehrzahl der Fälle ahnen wir vielleicht nicht einmal, dass sie unsere Gedanken beeinflusst. Ich stelle mir vor, dass uns die meisten Gedanken mittels mentaler Telegraphie aus den Köpfen anderer zufliegen – nicht immer aus den Köpfen von Bekannten, sondern zumeist aus denen von Fremden; weit entfernten Fremden – Chinesen, Hindus und allen möglichen Fremdlingen vom Ende der Welt, deren Sprache wir nicht verstehen würden, deren Gedanken wir jedoch mühelos lesen können.

Hartford, Samstagnacht [15. Mai 1869]

Liebe Livy,

lass mich nur gute Nacht sagen – sonst nichts. Genau
wie ich es erwartet & in meinem Brief an Deine Mutter geschrieben habe, hat Mr. Bliss vergessen, den Brief an Dich
abzuschicken, & ich entdeckte es eine Stunde nach dem
Mittagessen & steckte ihn ein & nahm Kurs auf das Postamt – es schüttete wie aus Kübeln. Ich schnappte mir im
Flur einen schmutzigen alten Regenschirm & lief los. Doch
dieser Schirm ließ sich zu weit aufklappen & bog sich falsch
herum durch – wie ein Trichter –, & Livy, das kannst Du
mir glauben, bevor ich drei Blocks weit gegangen war, hatte
er mir mehr als achtzehn Tonnen Regenwasser den Rücken
hinuntergekippt. Ich war also nass bis auf die Knochen.
Ich hatte noch meine leichten Schuhe an & begann das
Wasser langsam *aufzusaugen*. Tonnen & Tonnen saugte ich
auf, & das Wasser stieg in mir & stieg in mir höher & höher, bis es mir aus dem Mund & dann aus der Nase kam,
& bald darauf begann ich zu weinen, zum Teil aus Trauer
& zum Teil weil es überlief, weil ich dachte, ich würde
gleich ertrinken, & ich schimpfte mich einen *Narren*, weil
ich ohne einen Rettungsring ausgegangen war, was Livy mir
strengstens verboten hat, & was sollte nun aus *ihr* werden?

Nun, wie Du weißt, wohne ich auf halber Strecke zwischen Hooker und dem Postamt, & es sind schätzungsweise
sechs Meilen, & ich kam gerade noch rechtzeitig an, um

66

meinen Brief dreieinhalb Stunden, bevor die Post schließt, aufzugeben, & ich sag Dir, ich war froh & hielt mich für schlau, & dann kaufte ich vier neue Ausgaben von Appleton's Journal & ging in die Stadt & besuchte kurz Billy Gross & ging weiter & vergaß meine Zeitschriften & ging zum Photographen & bestellte eine Menge Abzüge vom Negativ des Porzellanporträts, die ich Dir gegeben habe & zog weiter & vergaß meinen Regenschirm – & rannte zurück zu Gross & schnappte mir meine Journale & ging über die Straße & heimwärts & erinnerte mich nach dreieinhalb Meilen an meinen Schirm & sagte mir: »Also schön, du hattest noch nie ein Unglück, das sich nicht hinterher als Segen erwies«, & so kehrte ich um & stapfte nass, aber fröhlich zurück – zwei mal dreieinhalb sind neun Meilen – & *bekam* meinen Regenschirm & ging wieder hinaus, & ein Kerl sagte zu mir: »Ah, gut, Sie sind's, nicht wahr? Sie haben meinen Schirm – komisch, dass ich ihn *hier* wiederfinde.« Und es *war* komisch. Wir hatten versehentlich unsere Schirme vertauscht – auf dem Postamt oder oben auf einem Baum oder irgendwo –, & hier, nach so langer Zeit & einem so langen Weg, steht er mit meinem alten Trichter in der Hand ahnungslos neben seinem eigenen Schirm & schaut sich diese Photographien an. Doch in dem Augenblick, als ich sein Eigentum an mich nahm, erkannte er es wieder – prächtiger Schirm, zauberhafte Hülle, chronometrisch ausbalanciert –, in Paris hat er tausend Dollar für dieses Prachtstück bezahlt, & er hatte un-

bezweifelbar meinen Schirm, denn was von seinem Papier-
kragen übrig war, war ihm den Rücken hinuntergeschwemmt
worden, & er hatte erst kurz vorm Ertrinken die kleine Be-
sonderheit meines Regenfängers erkannt & war an jenem
Daguerrotypieladen vorbeigelaufen & gerade noch rechtzeitig hineingeklettert, um sein Leben zu retten – & er war
nass, Livy, das kannst Du mir glauben. Er war hocherfreut,
mich zu sehen. Ich zog fröhlich von dannen & sagte: »Du
hattest noch *nie* ein Unglück, das sich nicht hinterher als
Segen erwies – & das gilt noch immer, & diesmal war es
für den anderen Burschen ein Segen.« […]

Dein ehrwürdiges Haupt sei tausendfach gesegnet &
Deine kostbaren Lippen seien tausendfach geküsst, mein
liebster Schatz.

Gute Nacht.

Sam

Ich mag Kritik

Ein Dutzend offene Kritiken sind leichter zu ertragen als ein halbseidenes Kompliment.

Ich mag Kritik, aber sie muss zu meinen Gunsten ausfallen.

Die jüngste Besprechung eines Buchs ist mit ziemlicher Sicherheit nur eine Widerspiegelung der *frühesten* Besprechung.

Ich glaube, dass das Handwerk des Literatur-, Musik- und Theaterkritikers das nichtswürdigste aller Handwerke ist und keinen wirklichen Wert besitzt – jedenfalls keinen großen.

Es ist der Wille Gottes, dass wir Kritiker, Missionare, Kongressabgeordnete und Humoristen haben, und so müssen wir diese Last tragen.

Schlimmstenfalls ist Kritik nichts weiter als ein Verbrechen, und damit kenne ich mich aus.

Ich war immer gutaussehend. Außer einem Kritiker hätte das jeder sehen können.

Revolverblätter – die Katastrophe aller Katastrophen.

Glanzvolle Literatur bezaubert uns; *mich* jedoch bezaubert sie nicht mehr als ihr Gegenteil – Schundliteratur.

Dort auf dieser Parkbank prägten Robert Louis Stevenson und ich eine neue Wendung – einer von uns, ich weiß nicht mehr wer –: »Unterwasser-Ruhm«. Varianten wurden erörtert: »Unterwasser-Renommee«, »Unterwasser-Reputation« und so weiter, und eine Wahl getroffen. Ich glaube, gewählt wurde »Unterwasser-Ruhm«. Diese wichtige Angelegenheit verdankte sich einem Vorfall, der Stevenson in Albany zugestoßen war. In einer Buchhandlung oder an einem Bücherstand war ihm eine lange Reihe kleiner billiger, aber hübsch ausgestatteter Bücher mit Titeln wie *Davis' Ausgewählte Reden*, *Davis' Ausgewählte Gedichte*, Davis' Dies und Davis' Das und Davis' Jenes ins Auge gefallen; jedes eine Kompilation mit einem kurzen, kompakten, intelligenten und nützlichen Einführungskapitel jenes besagten Davis, dessen Vorname mir entfallen ist. Stevenson hatte die Angelegenheit mit dieser Frage eingeleitet:

»Können Sie den amerikanischen Autor nennen, dessen Ansehen und dessen Akzeptanz in den Staaten am weitesten reichen?«

Ich glaubte die Antwort zu kennen, doch unter den gegebenen Umständen schien es mir unbescheiden, meine Meinung freiheraus zu sagen. So hielt ich mich zaghaft zurück. Stevenson bemerkte es und sagte:

»Sparen Sie sich Ihr Feingefühl für ein andermal auf – Sie sind es nicht. Nicht einmal für einen Shilling können Sie den amerikanischen Autor nennen, der sich der größten Beachtung und Beliebtheit erfreut. Ich schon.«

Dann fuhr er fort und erzählte mir von dem Vorfall in Albany. Er hatte den Verkäufer gefragt:

»Wer ist denn dieser Davis?«

Die Antwort lautete:

»Ein Autor, dessen Bücher in Güterzügen transportiert werden müssen, nicht in Körben. Offenbar haben Sie noch nicht von ihm gehört?«

Stevenson verneinte, dies sei das erste Mal. Der Mann sagte:

»Niemand hat je von Davis gehört; Sie können überall herumfragen, Sie werden schon sehen. Seinen Namen sehen Sie nirgendwo gedruckt, nicht einmal in Inseraten;

diese Dinge sind ohne Nutzen für Davis, nicht nützlicher, als sie dem Wind und der See sind. Nie sieht man eins von Davis' Büchern in den Vereinigten Staaten obenauf treiben, aber legen Sie Ihre Taucherausrüstung an und lassen Sie sich hinab, hinab in die Tiefe, bis Sie die dichte Region, die sonnenlose Region der ewigen Schinderei und der Hungerlöhne erreichen – dort finden Sie sie zu Millionen. Der Mann, der diesen Markt erobert – sein Glück ist gemacht, sein Lebensunterhalt gesichert, denn diese Menschen werden ihn niemals im Stich lassen. Ein Autor kann hohe Reputation genießen, die sich auf die Oberfläche beschränkt, und sie verlieren und bemitleidet, dann verachtet, dann vergessen, ganz und gar vergessen werden – bei Oberflächen-Reputation ist das häufig die Stufenfolge. Eine Oberflächen-Reputation, so hoch sie sein mag, ist immer sterblich und immer vernichtbar, wenn man es richtig anstellt – mit Steck- und Stricknadeln oder mit leisem, schleichendem Gift, nicht mit der Keule oder dem Tomahawk. Eine andere Sache ist es mit der Unterwasser-Reputation – unten, in den tiefen Gewässern; einmal Favorit, immer Favorit; einmal geliebt, immer geliebt; einmal geachtet, immer geachtet und geehrt und hochgehalten. Denn was der Kritiker sagt, findet niemals seinen Weg in diese ruhigen Tiefen; weder der Hohn der Zeitungen noch ein Hauch der Verleumdungswinde, die oben wehen. Nie erfahren die dort unten von diesen Dingen. Ihr Idol mag aus bemaltem Lehm bestehen, dort oben an der Oberfläche, und verblassen und verkümmern und zerfallen und verwehen bei dem wechselhaften Wetter, das dort herrscht; doch unten ist es aus Gold und unerschütterlich und unzerstörbar.«

Maisbrotüberzeugungen

Vor fünfzig Jahren, als ich ein fünfzehnjähriger Junge war und ein Städtchen im Staate Missouri an den Ufern des Mississippi bewohnen half, hatte ich einen Freund, dessen Gesellschaft mir sehr lieb und teuer war, weil meine Mutter mir den Umgang mit ihm verboten hatte. Es war ein fröhlicher, frecher, reizender junger Schwarzer mit satirischer Begabung – ein Sklave –, der täglich vom Holzstoß seines Herrn herab vor mir als einzigem Zuhörer Predigten hielt. Er ahmte den Kanzelstil mehrerer Geistlicher des Ortes nach, sehr gelungen und mit schönem Feuer und leidenschaftlichem Nachdruck. Ich bewunderte ihn rückhaltlos. Ich glaubte fest, er sei der größte Redner der Vereinigten Staaten und man werde eines Tages noch von ihm hören. Aber das geschah nicht; man übersah ihn beim Austeilen der Belohnungen. So geht es zu in dieser Welt.

Hin und wieder unterbrach er seine Predigt, um ein Stück Holz zu sägen; aber das Sägen war vorgetäuscht – er sägte mit dem Mund, indem er sehr treffend das Geräusch der Bogensäge nachahmte, die sich durch das Holz hindurchkreischt. Aber es erfüllte seinen Zweck; es hielt den

Herrn davon ab, herauszukommen und nachzusehen, wie die Arbeit vorankam. Ich hörte mir die Predigten vom offenen Fenster einer Holzkammer im rückwärtigen Teil des Hauses an. Einer seiner Texte lautete:

»Sag du mir, von wo ein Mann sein Maisbrot kriegt, und ich sag dir, was seine Überzeugung ist.«

Ich werde das nie vergessen. Es prägte sich mir tief ein. Durch die Hand meiner Mutter. Nicht in mein Gedächtnis, sondern woandershin. Sie hatte sich an mich herangepirscht, als ich gerade vertieft war und nicht aufpasste. Der schwarze Philosoph meinte, der Mensch sei nicht unabhängig und könne sich nicht Ansichten leisten, die seinem täglichen Brot im Wege stehen. Wenn er es zu etwas bringen wolle, müsse er sich der Mehrheit anschließen; in wichtigen Dingen wie Politik und Religion müsse er mit der großen Masse seiner Nachbarn denken und fühlen, sonst nehme er Schaden an seiner gesellschaftlichen Stellung und seinem beruflichen Erfolg. Er müsse sich auf Maisbrotüberzeugungen beschränken – zumindest nach außen hin. Er müsse seine Überzeugungen von anderen Leuten beziehen, er dürfe sich keine selbst zurechtlegen, er dürfe keine Ansichten aus erster Hand haben.

Ich glaube, Jerry hatte im großen Ganzen recht, meine aber, er ging nicht weit genug.

1. Nach seiner Vorstellung passt sich der Mensch mit Berechnung und Absicht der Mehrheitsüberzeugung seiner Umgebung an.

Das kommt vor, aber ich glaube nicht, dass es die Regel ist.

2. Nach seiner Vorstellung gibt es so etwas wie eine Überzeugung aus erster Hand, eine ureigene Überzeugung, eine Überzeugung, die durch kühle Verstandesarbeit mittels einer tiefschürfenden Analyse der einschlägigen Tatsachen im Kopf des Menschen entsteht, wobei das Herz nicht zu Rate gezogen wird und das Geschworenenzimmer äußeren Einflüssen verschlossen bleibt. Möglich, dass irgendwo und irgendwann einmal eine solche Überzeugung entstanden ist, doch ich vermute, dass sie entkam, bevor man sie fangen und ausstopfen und im Museum aufstellen konnte.

Ich bin ganz sicher, dass ein kühl durchdachtes und unabhängiges Urteil über eine Mode in der Kleidung, im gesellschaftlichen Verhalten, in der Literatur, in der Politik, in der Religion oder auf irgendeinem anderen Gebiet, das unsere Anteilnahme und Beachtung erweckt, etwas äußerst Seltenes ist – sofern es überhaupt jemals existiert hat.

In der Bekleidung kommt etwas Neues auf – der weite Reifrock zum Beispiel –, und die Vorübergehenden sind entsetzt, die Respektlosen lachen. Sechs Monate später sind alle damit versöhnt, die Mode hat sich durchgesetzt; jetzt bewundert man sie, und kein Mensch lacht. Die öffentliche Meinung hat sie vorher missbilligt, die öffentliche Meinung nimmt sie jetzt wohlwollend auf und fühlt sich dabei unbefangen. Warum! War die Missbilligung durchdacht? War die wohlwollende Aufnahme durchdacht?

Nein. Der Anpassungstrieb bewirkte das. Es liegt in unserer Natur, uns anzupassen; das ist eine Kraft, der nur wenige erfolgreich widerstehen können. Wo ist sie zu suchen? In dem angeborenen Drang nach Selbstbilligung. Wir alle müssen uns ihm beugen; es gibt keine Ausnahmen. Selbst die Frau, die es von Anfang bis Ende ablehnt, den Reifrock zu tragen, fällt unter dieses Gesetz und ist seine Sklavin; sie könnte nicht den Rock tragen und ihre eigene Billigung bewahren; und diese *muss* sie haben, sie kann nicht anders. Doch in der Regel ist die Quelle unserer Selbstbilligung nur an einer Stelle und nirgendwo anders zu finden – in der Billigung durch andere. Eine sehr bedeutende Person kann jede beliebige Neuerung in der Kleidung einführen, und die Allgemeinheit übernimmt sie sehr bald – in erster Linie dazu bewogen durch den natürlichen Trieb, passiv dem verschwommenen Etwas nachzugeben, das man als Autorität anerkennt, und in zweiter Linie durch den menschlichen Drang, sich der Masse anzuschließen und ihre Billigung zu gewinnen. Eine Kaiserin führte den Reifrock ein, und wir kennen die Folgen. Ein Niemand führte den langen Schlüpfer ein, und wir kennen die Folgen. Kehrte Eva mit ihrem weltweiten Ruhm wieder und führte ihre eigenartige Tracht ein – nun, wir wüssten, was dann geschähe. Und es wäre uns wahnsinnig peinlich, in der ersten Zeit.

Der Reifrock hat seine Zeit und verschwindet. Niemand denkt darüber nach. Eine Frau geht von dieser Mode ab; ihre Nachbarin bemerkt es und folgt ihrem Beispiel; das beeinflusst die nächste Frau und so weiter und so weiter, und dann ist der Rock aus der Welt verschwunden, niemand weiß wie noch warum, und es interessiert auch keinen. Er wird später einmal wiederkommen und wird zu seiner Zeit auch wieder gehen.

Vor fünfundzwanzig Jahren stand in England bei einem Festessen eine Gruppe von sechs oder acht Weingläsern vor jedem Gedeck, und man benutzte sie auch, ließ sie nicht etwa müßig und leer dastehen; heutzutage stehen nur drei oder vier in der Gruppe, und der Durchschnittsgast verwendet nur eines oder zwei und das zurückhaltend. Wir haben diese neue Mode noch nicht übernommen, werden es aber bald tun. Wir werden es nicht zu Ende denken; wir machen nur mit und lassen es damit bewenden. Wir beziehen unsere Vorstellungen, Gewohnheiten und Überzeugungen aus äußeren Einflüssen; wir brauchen sie nicht zu durchdenken. Unsere Tischsitten, unser Verhalten in Gesellschaft und auf der Straße ändert sich von Zeit zu Zeit, aber die Veränderungen werden nicht durchdacht; wir nehmen sie nur zur Kenntnis und richten uns danach. Wir sind Geschöpfe der äußeren Einflüsse; in der Regel denken wir nicht, wir ahmen nur nach. Wir sind nicht imstande, Maßstäbe zu erfinden, die unveränderlich blieben; was wir fälschlich für Maßstäbe halten, sind nur Moden und deshalb vergänglich. Wir bewundern sie vielleicht auch weiterhin, aber wir wenden sie nicht mehr an. Das können wir in der Literatur feststellen. Shakespeare ist ein Maßstab, und vor fünfzig Jahren schrieben wir Trauerspiele, die nicht zu unterscheiden waren von – von denen eines anderen; doch das tun wir jetzt nicht mehr. Vor einem Dreiviertel-jahrhundert war das Muster unserer Prosa schwülstig und verschwommen; irgendeine Autorität gab ihm eine neue Richtung zu Straffheit und Schlichtheit, und alles passte sich widerspruchslos an. Der historische Roman kommt unvermittelt auf und durchrast das Land. Jedermann schreibt einen, und die Nation ist begeistert. Wir hatten schon vorher historische Romane, aber niemand las sie, und wir anderen richteten uns danach – ohne darüber nachzu-denken. Jetzt passen wir uns der neuen Richtung an, weil es ein weiterer Fall von Jedermann ist.

Die äußeren Einflüsse stürmen ständig auf uns ein, und wir gehorchen ständig ihren Befehlen und nehmen ihre Ur-teile hin. Familie Smith gefällt das neue Schauspiel; Fami-lie Jones sieht es sich an, und sie kopiert das Urteil der Fa-milie Smith. Moral, Religion, Politik, sie alle verdanken ihre Anhängerschaft fast ausschließlich den Einflüssen und Stimmungen der Umgebung, nicht einer ernsthaften Prü-fung, nicht dem Denken. Der Mensch muss und wird zu-allererst für seine eigene Billigung sorgen, in jedem einzel-nen Augenblick und Umstand seines Lebens – selbst wenn er eine von ihm selbst gebilligte Handlung sogleich nach ihrer Ausführung bereuen müsste, um seine Selbstbilligung *wiederzuerlangen*; doch allgemein gesprochen, entspringt des Menschen Selbstbilligung in den wichtigen Belangen seines Lebens der Billigung der Leute um ihn herum und nicht einer tiefschürfenden persönlichen Prüfung der Angelegenheit. Die Mohammedaner sind Mohammedaner, weil sie in dieser Sekte geboren und aufgewachsen sind, nicht weil sie es durchdacht hätten und triftige Gründe vorbringen könnten, warum sie Mohammedaner sind; wir wissen, warum die Katholiken Katholiken sind, warum die Presbyterianer Presbyterianer sind, warum die Baptisten Baptisten sind, warum die Mormonen Mormonen sind, warum die Diebe Diebe sind, warum die Monarchisten Monarchisten sind, warum die Republikaner Republikaner und die Demokraten Demokraten sind. Wir wissen, dass es eine Sache des Umganges und der Sympathie ist, nicht des Denkens und der Prüfung, und dass kaum ein Mensch auf der Welt eine Meinung zu moralischen, politischen oder religiösen Dingen besitzt, die er anders als durch seinen Umgang und seine Sympathien gewonnen hätte. Grob gesagt, gibt es nur Maisbrotüberzeugungen. Und grob gesagt, Maisbrot bedeutet Selbstbilligung. Die Selbstbilligung bezieht man hauptsächlich aus der Billigung anderer Leute. Das Ergebnis ist Anpassung. Manchmal liegt der Anpassung ein gemeines Geschäftsinteresse zugrunde – das Brot-und-Butter-Interesse –, aber ich meine, nicht in den meisten Fällen. Ich glaube, meistens erfolgt sie unbewusst und ohne Berechnung; sie entspringt dem natürlichen Verlangen des Menschen, bei seinen Gefährten gut angeschrieben zu sein und ihre anfeuernde Billigung und ihr Lob zu erringen – ein Verlangen, das gewöhnlich so stark und so zwingend ist, dass man ihm nicht wirksam widerstehen kann, sondern es befriedigen muss.

Ein unerwartetes politisches Ereignis lässt die Maisbrotüberzeugung klar umrissen in ihren zwei Hauptspielarten zutage treten – in der Brieftaschenspielart, die auf dem blanken Eigennutz fußt, und in der zahlreicheren Spielart, der gefühlsgetragenen Spielart – bei Menschen, die es nicht ertragen können, außerhalb zu stehen; die es nicht ertragen können, in Ungnade zu fallen; die das abgewandte Gesicht und die kalte Schulter unerträglich finden; die mit den Freunden gutstehen wollen, angelächelt werden wollen, willkommen sein wollen, die köstliche Worte hören möchten: »*Der* ist richtig!« – vielleicht von einem Esel gesprochen, aber immerhin einem Esel hohen Ranges, einem Esel, dessen Billigung einem kleineren Esel Gold und Diamanten bedeutet und Ruhm, Ehre, Glück und Mitgliedschaft in der Herde verleiht. Um dieses Flitters willen lässt mancher Mensch seine lebenslang gehegten Grundsätze fallen und sein Gewissen gleich dazu. Wir haben ja schon erlebt, wie so etwas geschieht. In mehreren Millionen Fällen.

Die Menschen glauben, sie dächten über große politische Fragen nach, und das tun sie auch; aber sie denken mit ihrer Partei, nicht unabhängig; sie lesen deren Literatur, aber nicht die der anderen Seite; sie gelangen zu Überzeugungen, aber die beruhen auf einer einseitigen Betrachtung der betreffenden Angelegenheit und sind nicht besonders viel wert. Sie schwärmen mit ihrer Partei, sie fühlen mit ihrer Partei, sie sonnen sich in der Billigung ihrer Partei; und wohin die Partei führt, folgen sie, sei es zum Siege von Recht und Ehre oder durch Blut und Schmutz und einen Sumpf verstümmelter moralischer Grundsätze.

Beim Kampf um die Stimmen, der uns kürzlich bewegte, glaubte die Hälfte der Nation leidenschaftlich, im Silber liege die Rettung, die andere Hälfte glaubte ebenso leidenschaftlich, in dieser Richtung liege der Untergang. Meinen Sie, dass auch nur ein Zehntel der Leute auf jeder Seite überhaupt eine vernünftige Rechtfertigung für ihre Überzeugungen in dieser Angelegenheit aufzuweisen hatte? Ich ging dieser schwerwiegenden Frage auf den Grund – und kam leer herauf. Die Hälfte unseres Volkes glaubt leidenschaftlich an hohe Zölle, die andere Hälfte glaubt das Gegenteil. Bedeutet das Überlegung und Prüfung oder nur Gefühl? Das Letztere, glaube ich. Ich habe auch diese Frage eingehend untersucht – und nichts erreicht. Wir alle überlassen uns schrankenlos unseren Gefühlen und halten es fälschlich für Denken. Und daraus beziehen wir ein Gemisch, das wir als Gnadengeschenk betrachten. Sein Name ist Öffentliche Meinung. Sie wird tief verehrt. Sie entscheidet alles. Manche halten sie für die Stimme Gottes.

Gegen Satan war ich immer freundlich gesinnt

Gegen Satan war ich immer freundlich gesinnt. Natürlich ist das ererbt; es muss mir im Blut liegen, denn von mir selbst kann es nicht kommen.

Der Mensch ist das religiöse Tier. Er ist das einzige Tier, das die wahre Religion besitzt – sogar in mehreren Ausführungen. Er ist das einzige Tier, das seinen Nachbarn liebt wie sich selbst und ihm den Hals abschneidet, wenn dessen Theologie schiefliegt.

Geistliche können das Fachsimpeln nicht seinlassen, ohne in Verdacht zu geraten.

In diesem Land gibt es vielleicht achtzigtausend Prediger. Nicht mehr als zwanzig darunter sind politisch unabhängig – die anderen können gar nicht politisch unabhängig sein. Sie müssen die ganze Parteiliste ihrer Gemeinde wählen. Das tun sie und tun recht daran. Sie selbst sind der Hauptgrund, warum sie keine politische Unabhängigkeit genießen, denn von der Kanzel predigen sie keine politische Unabhängigkeit.

Sie haben großen Anteil daran, dass die Menschen dieser Nation keine politische Unabhängigkeit genießen.

Wer seine Sittsamkeit zur Schau stellt, ist der Zwilling der Statue, die ein Feigenblatt trägt.

Es gibt einen Sinn für die Moral, und es gibt einen Sinn für die Unmoral. Die Geschichte lehrt uns, dass der Sinn für die Moral uns befähigt, das Moralische zu erkennen und zu meiden, und dass der Sinn für die Unmoral uns befähigt, das Unmoralische zu erkennen und zu genießen.

Ich *weiß* nichts über das Jenseits, aber ich habe keine Angst davor.

Einer der Beweise für die Unsterblichkeit der Seele ist, dass unzählige Menschen daran glaubten. Sie glaubten auch, die Erde sei flach.

Es gibt Leute, die den Schuljungen verlachen und ihn leichtfertig und oberflächlich nennen. Dabei war es ein Schuljunge, der gesagt hat: »Glaube ist, wenn man was glaubt und weiß, es ist nicht so.«

Alles, was annähernd der Wahrheit oder der Vernunft entspricht, ist in einer Bibelklasse so ungeläufig, dass die reine, ungeschminkte Wahrheit, die in ihrer Mitte fallengelassen wird, meiner Meinung nach ebenso viel Chaos anrichten würde wie eine Bombe.

Die Nation lacht über die gründlichen und unbeholfenen Untersuchungen, die der junge John [Rockefeller] zu Josephs Charakter und Verhalten anstellt, dabei hört sich die Nation seit Menschengedenken an, wie Josephs Charakter und sein Verhalten auf dieselbe unbeholfene und törichte Weise auf den Kanzeln untersucht werden, und die Nation sollte bedenken, dass sie, wenn sie über den jungen John lacht, über sich selbst lacht. Sie sollte bedenken, dass der junge John bei Joseph nicht etwa neue Tünche verwendet. Er verwendet denselben alten Pinsel und dieselbe alte Tünche, die Joseph seit Jahrhunderten grotesk entstellen.

Ich traf Reverend Charley eines Morgens, als er das Grundstück seiner Mutter durchquerte, und er erzählte mir folgende kleine Geschichte. Er war nach Chicago gefahren, um an einem Kongress kongregationalistischer Geistlicher teilzunehmen, und hatte seinen kleinen Jungen dabei. Unterwegs ermahnte er ihn immer wieder, sich in Chicago möglichst gut zu benehmen. »Wir sind bei einem Geistlichen zu Gast«, sagte er, »es werden auch andere Gäste da sein – Geistliche und deren Ehefrauen –, und du musst dich bemühen, diesen Leuten mit deinem Gang und deinen Worten zu zeigen, dass du aus einem frommen Haushalt stammst. Denk immer daran.« Die Ermahnung trug Früchte. Beim ersten Frühstück, das sie im Haus des Chicagoer Geistlichen einnahmen, hörte er seinen kleinen Sohn in äußerst bescheidenem und höchst ehrfürchtigem Ton zu der ihm gegenübersitzenden Dame sagen: »Herrgott noch mal, würden Sie mir bitte die Butter reichen?«

Ich wünschte unwillkürlich, man hätte Adam und Eva aufgeschoben und Martin Luther und die Jungfrau von Orleans an ihre Stelle gesetzt – dieses prächtige Paar mit Temperament nicht aus Butter, sondern aus Asbest. Weder durch zuckersüße Überredung noch durch Höllenfeuer hätte Satan *sie* verleiten können, den Apfel zu essen.

Das Kriegsgebet

Es war eine Zeit großer und mitreißender Erregung. Das Land stand unter Waffen, es war Krieg, in jeder Brust brannte das heilige Feuer des Patriotismus; die Trommeln wurden gerührt, Militärkapellen spielten, Spielzeugpistolen knallten, gebündelte Schwärmer zischten und knatterten; ringsumher und weithin über die in der Ferne verschwimmende Fläche von Dächern und Balkonen leuchtete in der Sonne ein flatterndes Gewirr von Fahnen; täglich marschierten junge Freiwillige die breite Allee hinab, fröhlich und stattlich anzusehen in der neuen Uniform, und wenn sie vorübermarschierten, jubelten ihnen die stolzen Väter und Mütter und Schwestern und Liebchen mit vor Glück und Rührung bewegter Stimme zu; jeden Abend lauschten dichtgedrängte Massen keuchend den patriotischen Reden, die den tiefsten Grund ihrer Herzen aufwühlten, und unterbrachen sie in kürzesten Abständen mit Beifallsstürmen, während ihnen die Tränen über die Wangen rannen; in den Kirchen predigten die Geistlichen Aufopferung für Flagge und Vaterland, riefen den Gott der Schlachten an und erflehten seinen Beistand für unsere gute Sache mit Strömen glühender Beredsamkeit, die jeden Zuhörer erschütterten. Es war wirklich eine freudige und gnadenreiche Zeit, und dem halben Dutzend unbesonnener Geister, die es wagten, den Krieg zu missbilligen und seine Berechtigung in Zweifel zu ziehen, wurde umgehend ein so strenger und heftiger Verweis zuteil, dass sie sich um ihrer persönlichen Sicherheit willen schleunigst verdrückten und diesbezüglich keinen Anstoß mehr erregten.

Der Sonntagmorgen kam – am nächsten Tag sollten die Bataillone zur Front abrücken; die Kirche war voll; die Freiwilligen waren anwesend, ihre jungen Gesichter strahlten von kriegerischen Träumen – Visionen eines ungestümen Vormarsches, des Sammelns vor dem Gefecht, des stürmischen Angriffs, der blitzenden Säbel, der Flucht des Feindes, des Getümmels in verhüllendem Rauch, der hitzigen Verfolgung, der Kapitulation des Feindes! – dann die Heimkehr aus dem Kriege als sonnengebräunte Helden, jubelnd empfangen, glühend verehrt, eingetaucht in ein goldenes Meer von Ruhm! Bei den Freiwilligen saßen die Angehörigen, stolz, glücklich und beneidet von den Nachbarn und Freunden, die keine Söhne und Brüder besaßen, um sie auf das Feld der Ehre zu entsenden, wo sie für die Flagge den Sieg erkämpfen oder, wenn ihnen das nicht vergönnt sein sollte, den edelsten aller edlen Tode erleiden würden. Der Gottesdienst nahm seinen Fortgang; ein Kriegskapitel aus dem Alten Testament wurde verlesen; man sprach das erste Gebet; ihm folgte ein Aufbrausen der Orgel, von dem das Bauwerk erbebte, und einem einzigen Impuls folgend, standen alle auf, mit brennenden Augen und klopfendem Herzen, und brachen in die schreckliche Anrufung aus:

»Gott der Allfurchtbare, der Du befiehlst,
Donner Dein Schlachtruf und Blitz Dein Schwert!«

Dann folgte das »lange« Gebet. Niemand konnte sich erinnern, jemals so leidenschaftliche Bitten, eine so ergreifende und schöne Sprache gehört zu haben. Der Hauptinhalt der Fürbitte war, unser aller barmherziger und gnädiger Vater möge unsere prächtigen jungen Soldaten behüten und ihnen bei ihrem patriotischen Werk Hilfe, Trost und Mut angedeihen lassen; er möge sie segnen und beschirmen am Tage der Schlacht und in der Stunde der Gefahr, sie in seiner allmächtigen Hand halten und sie stark, zuversichtlich und unbesiegbar machen bei dem blutigen Sturm; er möge ihnen helfen, den Feind zu vernichten, und ihnen, ihrer Flagge und ihrem Lande unsterblichen Ruhm und Ehre verleihen …

Ein bejahrter Fremder trat ein und kam mit langsamem und geräuschlosem Schritt den Mittelgang herauf, die Augen auf den Geistlichen geheftet, die hohe Gestalt in ein Gewand gehüllt, das bis an die Füße reichte, barhäuptig, das weiße Haar in vollen Locken auf die Schultern herabwallend, das zerfurchte Gesicht unnatürlich bleich, geisterhaft bleich. Während sich alle Blicke fragend auf ihn richteten, ging er schweigend seinen Weg; ohne einzuhalten, stieg er hinauf an die Seite des Priesters und stand abwartend da. Mit geschlossenen Augen fuhr der Geistliche, seiner Gegenwart nicht bewusst, in seinem ergreifenden Gebet fort und schloss endlich mit der inbrünstigen Bitte: »Segne unsere Waffen, gewähre uns den Sieg, o Herr, unser Gott, du Vater und Beschützer unseres Landes und unserer Flagge!«

Der Fremde berührte seinen Arm, bedeutete ihm beiseitezutreten – was der überraschte Geistliche auch tat – und nahm seinen Platz ein. Einige Augenblicke ließ er die ernsten Augen, in denen ein unirdisches Licht brannte, auf der Gemeinde ruhen; dann sprach er mit tiefer Stimme:

»Ich komme von Seinem Thron – und bringe eine Botschaft Gottes, des Allmächtigen!« Die Worte trafen die Gemeinde wie ein Schlag; wenn der Fremde es gewahrte, so achtete er dessen jedenfalls nicht. »Er hat das Gebet Seines Dieners, eures Hirten, vernommen und will es erhören, falls dies noch euer Wunsch ist, wenn ich, Sein Bote, euch die Tragweite des Gebetes erläutert habe – das heißt, seine volle Tragweite. Denn es gleicht vielen Gebeten der Menschen, indem es mehr fordert, als der, der es spricht, erkennt – sofern er nicht innehält und nachdenkt.

Gottes Diener, der auch der eure ist, hat sein Gebet gesprochen. Hat er innegehalten und nachgedacht? Ist es ein einziges Gebet? Nein, es sind zwei – das eine ausgesprochen, das andere nicht. Beide haben das Ohr Dessen erreicht, der alle Bitten vernimmt, die ausgesprochenen und die unausgesprochenen. Denkt gut darüber nach – vergesst es nicht. Wollt ihr einen Segen für euch selbst erbitten, hütet euch, auf dass ihr nicht ungewollt gleichzeitig einen Fluch auf euren Nächsten herabbeschwört. Wenn ihr um den Segen des Regens für eure Ernte betet, die seiner bedarf, betet ihr dadurch vielleicht einen Fluch auf die Ernte eures Nächsten herbei, die keinen Regen braucht und Schaden erleidet.

Ihr habt das Gebet eures Dieners gehört – den ausgesprochenen Teil. Ich bin von Gott beauftragt, den anderen Teil in Worte zu fassen – jenen Teil, den der Pfarrer – und auch ihr in euren Herzen – inbrünstig im Stillen gebetet habt. Nichtsahnend und gedankenlos? Gebe Gott, dass es so war! Ihr habt die Worte gehört: ›Gewähre uns den Sieg, o Herr, unser Gott!‹ Das ist genug. Das *ganze* ausgespro-

chene Gebet ist in diesen bedeutungsschweren Worten zusammengefasst. Sie bedurften keiner weiteren Ausschmü-
ckung. Als ihr um den Sieg gebetet habt, habt ihr um viele
unerwähnte Folgen gebetet, die der Sieg mit sich bringt –
mit sich bringen *muss*, unbedingt mit sich bringen muss.
Der lauschende Geist Gottvaters vernahm auch den unausgesprochenen Teil des Gebetes. Er gebietet mir, ihn in
Worte zu fassen. Höret also!

›O Herr, unser Vater, unsere jungen Patrioten, die Ab-
götter unseres Herzens, gehen in die Schlacht – sei Du ihnen nahe! Mit ihnen verlassen auch wir – im Geiste – den
süßen Frieden unserer geliebten Heimstätten, um den
Feind zu schlagen. O Herr unser Gott, hilf uns, mit unseren Granaten ihre Soldaten in blutige Stücke zu reißen; hilf
uns, ihre lieblichen Auen mit den bleichen Gestalten ihrer
toten Patrioten zu bedecken; hilf uns, auf dass das Geschrei
ihrer Verwundeten, die sich krümmen vor Schmerzen, den
Donner der Kanonen überschalle; hilf uns, durch einen
Feuersturm ihre bescheidenen Hütten zu verwüsten; hilf
uns, auf dass die Herzen der schuldlosen Witwen vor hoff-
nungsloser Trauer brechen; hilf uns, sie mit ihren kleinen
Kindern von Haus und Hof zu vertreiben, auf dass sie hilflos umherirren in der Wüstenei ihres vernichteten Landes,
in Lumpen, hungernd und dürstend, ein Spielball der Son-
nenglut des Sommers und der eisigen Stürme des Winters,
gebrochenen Mutes und erschöpft von der Mühsal, und
Dich vergeblich anflehen um die Zuflucht des Grabes – um

unseretwillen, die wir Dich anbeten, o Herr, zerstöre ihre Hoffnung, vernichte ihr Leben, verlängere ihre bittere Pilgerschaft, mache ihren Schritt schleppend, tränke mit Tränen ihren Pfad, den weißen Schnee beflecke mit dem Blut ihrer wunden Füße! Wir erbitten dies im Geiste der Liebe von Dem, der die Quelle der Liebe und die getreue Zuflucht und der Freund all jener ist, die leidgeprüft sind und Seinen Beistand mit demütigen und zerknirschten Herzen suchen. Amen.««

(Nach einer Pause.) »Ihr habt darum gebetet; begehrt ihr es jetzt noch, so sprecht! Der Bote des Allerhöchsten wartet.«

Später nahm man an, der Mann sei ein Verrückter gewesen, denn was er gesagt hatte, war ganz unsinnig.

Briefe an die Erde

Büro des Himmlischen Archivars
Abteilung Eingaben, den 20. Januar

Abner Scofield
Kohlenhändler
Buffalo, New York

Hiermit beehre ich mich, Ihnen weisungsgemäß mitzuteilen, dass Ihr kürzliches Werk der Nächstenliebe und Selbstaufopferung auf einer Seite des Buches »Goldene Taten der

Menschen« eingetragen worden ist: eine Auszeichnung, so gestatte ich mir zu bemerken, die nicht nur außerordentlich, die geradezu einzigartig ist.

Betreffend Ihre Gebete für die Woche bis zum 19. d. M. erlaube ich mir, wie folgt Bericht zu erstatten:

1. Um Wetter, das die Steinkohle um 15 Cent pro Tonne heraufsetzt. Bewilligt.

2. Um Zustrom von Arbeitskräften, der die Löhne um 10 % senkt. Bewilligt.

3. Um einen Preissturz bei der Braunkohle der Konkurrenz. Bewilligt.

4. Um eine Heimsuchung des Mannes oder der Familie des Mannes, der in Rochester eine Konkurrenzkohlenhandlung eröffnet hat. Bewilligt wie folgt: Diphtherie 2 Fälle, davon 1 tödlich; Scharlach 1 Fall mit Ausgang in Taubheit und Schwachsinn. *Anmerkung*: Dieses Gebet hätte sich gegen die Auftraggeber dieses Angestellten richten sollen, die N. Y. Central R. R. Co.

5. Um Verfrachtung zur Hölle der lästigen Schwärme von Personen, die täglich um Arbeit oder diverse Gefälligkeiten ersuchen. Zu späterer Entscheidung und zum Kompromiss vorgemerkt, da dieses Gesuch zu einem anderen, im weiteren angeführten Antrag gleichen Datums in Widerspruch zu stehen scheint.

6. Um Anwendung irgendeiner gewaltsamen Todesart auf den Nachbarn, der Stein nach der Hauskatze warf, als selbige Nachtmusik machte. Zur Erwägung

und zum Kompromiss zurückgestellt wegen Widerspruch zu im weiteren angeführten Gebet gleichen Datums.

7. »Die Sache der Missionare zu verdammen.« Ebenfalls zurückgestellt – siehe oben.

8. Um Steigerung des Dezemberprofits von $ 22 230,– auf $ 45 000,– im Januar und um Fortdauer einer entsprechenden monatlichen Steigerung – »die Ihnen zugutekommen wird«. Bitte bewilligt; Zusatzbemerkung unter Vorbehalt akzeptiert.

9. Um einen Zyklon, der die Werksanlagen der North Pennsylvania Co. zerstört und ihre Grube volllaufen lässt. *Anmerkung:* Zyklone sind in der Wintersaison nicht am Lager. Auf Antrag kann ein bewährter Artikel in schlagenden Wettern geliefert werden.

Die o. a. Positionen werden wegen ihrer speziellen Bedeutung einzeln berücksichtigt. Die 298 restlichen, unter Besondere Vorsehung, Plan A, fallenden Bitten für die am 19. d. M. abgelaufene Woche werden global erfüllt, nur sind 3 der 32 Fälle, für die um sofortiges Ableben ersucht wurde, in unheilbare Krankheit umgewandelt worden.

Damit schließt die Wochenabrechnung jener Anträge ab, die in unserem Büro unter der technischen Bezeichnung »Geheime Herzensbitten« laufen und die aus naheliegenden Gründen stets zuerst und besonders Berücksichtigung finden.

Der Rest der Wochenabrechnung gehört unter die Rubrik, die wir als »Öffentliche Gebete« bezeichnen; in dieser Sparte führen wir in Gebetsversammlungen, Sonntagsschulen, bei Klassentreffen, Familienandachten usw. gesprochene Gebete auf. Der Wert dieser Art von Gebeten richtet sich nach der Einstufung des Christen, der sie spricht. Nach der Geschäftsordnung unseres Büros werden die Christen in zwei Hauptgruppen eingeteilt, und zwar 1. Bekennende Christen und 2. Berufschristen. Diese wiederum werden bis ins Einzelne unterteilt und eingeordnet nach Größe, Art und Familie; und schließlich wird der Rang nach Karat bestimmt, wobei das Minimum 1, das Maximum 1000 beträgt.

Laut Kontoauszug für das am 31. Dezember 1847 abgelaufene Quartal waren Sie eingestuft wie folgt:

Hauptgruppe: Bekennender Christ.

Größe: ein Viertel des Höchstmaßes.

Art: menschlich-geistig.

Familie: A der Erwählten, Abteilung 16.

Rang: 322 Karat Feingehalt.

Laut Kontoauszug für das soeben abgelaufene Quartal – d. h. vierzig Jahre später – sind Sie eingestuft wie folgt:

Hauptgruppe: Berufschrist.

Größe: sechs Hundertstel des Höchstmaßes.

Art: menschlich-tierisch.

Familie: W der Erwählten, Abteilung 1547.

Rang: 3 Karat Feingehalt.

Ich erlaube mir, Sie darauf aufmerksam zu machen, dass Sie sich offenbar verschlechtert haben.

Um auf den Bericht über Ihre öffentlichen Gebete zurückzukommen – dabei sei die Randbemerkung gestattet, dass unser Büro, um Christen Ihres Ranges und annähernd gleicher Ränge zu ermutigen, ihnen viele Dinge zu gewähren pflegt, die es Christen höheren Ranges nicht gewähren würde – teils auch, weil sie gar nicht darum bitten würden:

Gebet um milde Witterung, die barmherzig die Not der Armen und Nackten lindern möge. Abgelehnt. Es handelte sich um ein Gebetsversammlungsgebet. Dieses steht im Widerspruch zu Pos. 1 dieses Berichtes, die eine geheime Herzensbitte war. Nach einer strengen Vorschrift unseres Büros dürfen bestimmte Arten öffentlicher Gebete von Berufschristen keinen Vorrang vor geheimen Herzensbitten erhalten.

Gebet um bessere Zeiten und reichlichere Nahrung »für den Arbeitsmann mit der schwieligen Faust, dessen geduldige und erschöpfende Fron Behaglichkeit in die Heime der Glücklicheren trägt und ihnen ein Leben in Annehmlichkeit ermöglicht und ihn des Anspruches würdigt, dass wir ihm wachsamen und wirksamen Schutz gegen Unrecht und Ungerechtigkeit angedeihen lassen, die mit der raffgierigen Habsucht ihn bedrohen mag, und ihm die zärtlichste Dankbarkeit unseres Herzens offenbaren«. Gebetsversammlungsgebet. Abgelehnt. Widerspricht der geheimen Herzensbitte Nr. 2.

Gebet, »dass jene, die in irgendeiner Weise unserem Vorteil im Wege stehen, großmütig gesegnet seien, wie auch ihre Familien, und wir rufen hier unsere Herzen zu Zeugen auf, dass wir uns in ihrem weltlichen Wohlergehen geistlich gesegnet finden und in unserem Glück vollendet«. Gebetsversammlungsgebet. Abgelehnt. Widerspricht den geheimen Herzensbitten Nr. 3 und 4.

»O lass keinen den Qualen der Verdammnis verfallen durch Worte oder Taten von uns.« Familienandacht. Fünfzehn Minuten vor der geheimen Herzensbitte Nr. 5 eingegangen, der es eindeutig widerspricht. Es wird vorgeschlagen, das eine oder das andere dieser Gebete zurückzunehmen oder aber beide abzuändern.

»Sei gnädig geneigt allen, die einen Schaden zufügen mögen uns oder unserem Eigentum.« Schließt den Mann mit ein, der Stein nach Katze warf. Familienandacht. Einige Minuten vor geheimer Herzensbitte Nr. 6 eingegangen. Zur Beseitigung der Diskrepanz wird Abänderung vorgeschlagen.

»Gib, dass die edle Sache der Missionare, das kostbarste Werk, das Menschenhänden anvertraut ist, ohne Hinderung oder Schranke sich ausbreite und gedeihe in allen heidnischen Ländern, die uns noch immer zum Vorwurf gereichen mit ihrer geistlichen Finsternis.« Bei einem Treffen der Amerikanischen Missionsgesellschaft überraschend eingestreutes Gebet. Fast einen halben Tag vor der geheimen Herzensbitte Nr. 7 eingegangen. Unser Büro führt keine Missionare und steht in keiner Weise mit der Amerikanischen Missionsgesellschaft in Verbindung. Wir würden gern eines dieser Gebete erfüllen, sehen uns jedoch außerstande, beide zu bewilligen. Es wird vorgeschlagen, das von der Amerikanischen Missionsgesellschaft zurückzunehmen.

Unser Büro möchte zum zwanzigsten Mal mit Nachdruck auf Ihre an Nr. 8 angehängte Bemerkung hinweisen. Sie ist ein alter Hut.

Von den 464 in Ihren öffentlichen Gebeten der vergangenen Woche enthaltenen Einzelpositionen, die in diesem Bericht noch nicht Erwähnung gefunden haben, bewilligen wir 2 und lehnen den Rest ab. Gewährt wird 1., »dass die Wolken auch weiterhin ihres Amtes walten«, 2. »und die Sonne des ihren«. Das lag ohnehin in der göttlichen Absicht; es wird Sie freuen, zu erfahren, dass Sie dieser nicht im Wege stehen. Von den 462 abgelehnten Positionen wurden 61 in der Sonntagsschule ausgesprochen. In diesem Zusammenhang muss ich Sie erneut darauf hinweisen, dass wir Sonntagsschulgebete von Berufschristen der Klassifikation, die in unserem Büro unter der technischen Bezeichnung John-Wanamaker-Grad läuft, grundsätzlich nicht erfüllen. Wir verbuchen sie lediglich als »Worte«, und sie schlagen je nach der in einer bestimmten Zeit ausgesprochenen Anzahl für ihn zu Buch; die Mindestanforderung beträgt 3000 Stück pro Viertelminute, sonst keine Wertung; 4200 von möglichen 5000 ist unter Experten ein durchaus übliches Sonntagsschulergebnis und gilt so viel wie zwei Kirchenlieder und ein Blumenstrauß, den junge Damen am Morgen vor der Hinrichtung in der Zelle des Mörders abgeben. Ihre restlichen 401 Positionen zählen nur für den Wind. Wir bündeln sie und benutzen sie als Gegenwind, um die Schiffe unwürdiger Menschen aufzuhalten, doch braucht man so viele, um überhaupt eine Wirkung zu erzielen, dass wir uns außerstande sehen, für ihre Benutzung eine Vergütung in Anrechnung zu bringen.

Ich gestatte mir, diesem Bericht noch ein persönliches Wort hinzuzufügen. Wenn bestimmte Arten von Menschen eine gute Tat von einigem Format vollbringen, schreiben wir ihnen tausendmal mehr dafür gut, als wir es im Falle eines besseren Menschen täten – mit Rücksicht auf die ungeheure Anstrengung. Diesbezüglich stehen Sie weit über Ihrer offiziellen Einstufung auf Grund gewisser Akte der Selbstaufopferung, die alles weit überragten, was man von Ihnen hätte erwarten können. Vor Jahren, als Sie erst $ 100 000 wert waren und Ihrer verarmten Cousine, der Witwe, auf ihre Bitte um Unterstützung hin $ 2,– schickten, gab es im Himmel viele, die das einfach nicht für möglich hielten, und noch mehr glaubten, es handele sich um Falschgeld. Ihr Ruf gewann ganz erheblich, nachdem sich herausgestellt hatte, dass diese Verdächtigungen unbegründet waren. Ein oder zwei Jahre später, als Sie dem armen Mädel auf eine neuerliche Bitte hin $ 4,– schickten, hielten es schon alle für möglich, und Sie waren hier eine Zeitlang Tagesgespräch. Zwei Jahre später schickten Sie auf eine flehentliche Bitte hin $ 6,–, als das jüngste Kind der Witwe starb, und diese Tat vollendete Ihren guten Ruf. Jeder im Himmel sagte: »Hast du schon von Abner gehört?« – denn jetzt nennt man sie hier liebevoll Abner. Ihre ansteigende Spende im Abstand von zwei oder drei Jahren hat bewirkt, dass Ihr Name auf allen Lippen liegt und warm in allen Herzen ruht. Der ganze Himmel schaut Ihnen sonntags zu, wenn Sie in Ihrer stattlichen Kutsche zur Kirche fahren; und wenn Sie die Hand vom Klingelbeutel zurückziehen, brandet der Freudenschrei bis an die rötlichen Mauern der fernen Hölle: »Wieder ein Groschen von Abner!«

Doch der Höhepunkt war vor einigen Tagen, als die Witwe schrieb, sie könne eine Stellung als Lehrerin in einem weitentfernten Dorf bekommen, wenn sie $ 50,– hätte, um sich mit ihren zwei noch lebenden Kindern auf die lange Reise zu begeben; und Sie berechneten den Nettoprofit des vergangenen Monats aus Ihren drei Kohlengruben – $ 22 230,–, und zählten den sicheren Profit für den laufenden Monat hinzu – 45 000 möglicherweise 50 000 –, griffen zu Feder und Scheckbuch und schickten ihr *fünfzehn ganze Dollar*! Oh, der Himmel segne Sie und erhalte Sie in Ewigkeit, Sie großmütiges Herz! Kein Auge blieb trocken im Gefilde der Seligen; und inmitten des allgemeinen Händeschüttelns, der Umarmungen und der Lobpreisungen erschallte mit Donnerstimme vom Berge des Lichts das Gebot, der Ruhm dieser Tat solle alle historischen Beispiele der Selbstaufopferung von Menschen und Engeln übertreffen und ganz für sich allein auf einem Blatt verzeichnet werden, weil Sie damit einer schwereren und härteren Belastung ausgesetzt gewesen seien als zehntausend Märtyrer, die ihr Leben auf dem Scheiterhaufen hingaben; und alle sagten: »Was bedeutet es einer edlen Seele oder auch zehntausend edlen Seelen, ihr Leben aufzugeben, verglichen mit dem, was es dem gemeinsten weißen Mann, der je auf Erden gelebt hat, bedeutet, fünfzehn Dollar aus seinem gierigen Griff aufzugeben?«

Und das war ein wahres Wort. Und Abraham schüttelte weinend die Insassen seines Schoßes ab und brachte das vielsagende Schild an: »RESERVIERT«; und Petrus sagte weinend: »Er soll mit einem Fackelzug empfangen werden, wenn er kommt«; und dann erdröhnte der ganze Himmel und freute sich, dass Sie dort hinkommen. Und die Hölle freute sich auch.

(Gezeichnet)
Der Himmlische Archivar

Stempel
Im Auftrage

Eine sich ärgernde Familie gibt der Eintönigkeit Würze

Es bereitet weniger Mühe und mehr Genugtuung, zwei Familien zu beerdigen, als ein Heim für eine auszuwählen und einzurichten.

Die Familie ärgert sich. Das gefällt mir. Nicht aus Boshaftigkeit, sondern weil der Anblick einer sich ärgernden Familie der Eintönigkeit Würze gibt.

Das aufrichtigste, offenste und privateste Produkt des menschlichen Verstandes und Herzens ist ein Liebesbrief.

Liebste Livy, Du bist so gut & lieb & unbeugsam & edel – das beste & schönste & liebenswerteste Wesen, das ich je gekannt habe, & ich war Deiner nie würdig. Du hättest Deine Gunst einem besseren Mann schenken sollen – einem Mann, der eher an Dich heranreicht. Doch ich liebe Dich von ganzem Herzen, von dem Platz aus, der mir zusteht: zu Deinen Füßen.

Ich liebe, *liebe*, LIEBE Dich, Livy, Liebste.

Ein Schwärmer nimmt für gewöhnlich dem anderen das Wort aus dem Mund.

Welch ein Übermaß an Liebe eine kleine Trennung mit sich bringt! & die Lektion, die man daraus lernen kann, ist, dass man sich ab & zu trennen sollte – aber nie länger als 48 Stunden.

Livy, mein Liebling,
    wenn ich keine Sehnsucht habe, Dich zu sehen, dann hat sich kein Liebender je nach seiner Liebsten gesehnt.

Alles, alles Liebe

Saml

Ich liebe Blumen, wenn sie auf dem Tisch stehen & bin stolz, wenn ich nach Hause komme & mir vorstelle, sie wurden dort für mich hingestellt, aber ich würde nie wagen, ein Wort darüber zu verlieren oder sie auch nur anzusehen, damit ich nicht zu meiner Schande entdecken muss, dass meine Eitelkeit mich in die Irre führt & ich mir eine Ehre anmaße, die nicht für mich gedacht war.

Livy machte hübsche Bouquets & wurde gleich rabiat & grob, weil, wie sie meinte, »niemand zu Besuch kommt, wenn wir frische Blumen haben«. Nun, irgendjemand *sollte* lieber kommen, sonst greif ich zum Knüppel & geh & hol mir ein halbes Dutzend Gäste oder so. *Diesmal* werden unsere Blumen nicht verschwendet. Nur weil es ein klein wenig an tatkräftiger Geselligkeit mangelt.

Eltern sollten ihre Kinder stets zählen, bevor sie aufbrechen.

Der offene Neid eines Kindes auf die Privilegien und Vorrechte der Großen drückt sich oft in einer leicht schmeichelhaften Aufmerksamkeit aus und ist alles andere als unwillkommen, mitunter aber richtet sich der Neid auf etwas anderes, als es der so Begünstigte erwartet. Als Susy sieben war, saß sie einmal mit großen Augen da, tief versunken in den Anblick einer Besucherin, die sich für einen Ball schön machte. Die Dame war entzückt über diese Huldigung, diese stumme und sachte Bewunderung, und freute sich darüber. Und als ihre Aufhübschungsbemühungen abgeschlossen waren und sie endlich vollkommen und unübertrefflich dastand, gewandet wie Salomo in all seiner Herrlichkeit, hielt sie selbstsicher und erwartungsvoll inne, um aus Susys Mund jenen Tribut zu empfangen, der schon in ihren Augen brannte. Susy stieß einen leisen neidischen Seufzer aus und sagte:

»Ich wünschte, *ich* hätte schiefe Zähne und eine Brille!«

[25. Dezember 1875]
Palast des Weihnachtsmanns, auf dem Mond,
Weihnachtsmorgen.

Meine liebe Susy Clemens,

ich habe all die Briefe erhalten und gelesen, die Du und Deine kleine Schwester mir mit Hilfe Eurer Mutter und Eurer Kindermädchen geschrieben habt, und ich habe auch die gelesen, die ihr kleinen Leute eigenhändig geschrieben habt – auch wenn ihr nicht die Buchstaben aus dem Alphabet der Erwachsenen verwendet, habt ihr doch die Buchstaben genutzt, mit denen *alle* Kinder in allen Ländern der Erde und auf den funkelnden Sternen schreiben; und da alle Bürger des Mondes Kinder sind und keine andere Schrift als diese verwenden, wirst Du leicht verstehen, dass ich die krakeligen und phantastischen Zeichen von Dir und Deiner kleinen Schwester ganz ohne Schwierigkeiten lesen kann. Ich hatte aber einige Probleme mit den Briefen, die ihr eurer Mutter und euren Kindermädchen diktiert habt, weil ich ein Ausländer bin und Englisch nicht so gut lesen kann. Du wirst sehen, dass ich bei den Bestellungen in euren eigenen Briefen keine Fehler gemacht habe. […] Doch in den Briefen, die ihr diktiert habt, waren einige Worte, die ich nicht richtig verstand, und einige Bestellungen, denen ich nicht nachkommen konnte, weil unsere Vorräte zu knapp waren. Unser letzter Posten Kücheneinrichtung für Puppen ging gerade an ein armes kleines Kind auf dem Nordstern, in das ferne kalte Land über dem Großen Bären. Deine Mama kann Dir den Stern zeigen, und Du wirst sagen: »Kleine Schneeflocke (denn dies ist der Name des Kindes), ich freu mich, dass Du die Küche bekommen hast, denn Du brauchst sie mehr als ich.« Das heißt, Du musst dies eigenhändig schreiben, und Schneeflocke wird Dir eine Antwort schicken. Wenn Du es nur sprichst, wird sie es nicht hören. Aber Dein Brief muss leicht und dünn sein, denn die Entfernung ist groß und das Porto teuer. [...]

Wenn Ihr wollt, könnt Ihr Euch unterhalten, bis Ihr meine Schritte im Vorzimmer hört. Dann müssen alle still sein, bis ich durch den Kamin wieder hinaufgestiegen bin. Vielleicht wirst Du meine Schritte gar nicht hören; in diesem Fall kannst Du ab und zu einen Blick durch die Esszimmertür werfen, und schon bald wirst Du Deine Bestellung direkt unter dem Klavier im Salon finden – denn ich werde sie dort hinlegen. Wenn ich ein bisschen Schnee im Vorzimmer zurücklasse, musst Du George bitten, ihn in den Kamin zu fegen, da ich für so etwas keine Zeit habe. George soll aber nicht den Besen nehmen, sondern einen Putzlappen – andernfalls wird er eines Tages sterben. Du musst auf George aufpassen, damit er nicht in Gefahr gerät. Falls meine Stiefel Spuren auf dem Marmor hinterlassen, darf George sie nicht wegschrubben. Lasst sie zum Andenken meines Besuchs da, wo sie sind; und wann immer Du sie anschaust oder jemandem zeigst, sollen sie Dich daran erinnern, ein braves kleines Mädchen zu sein. Aber was wirst Du sagen, wenn Du unartig warst und jemand auf den Stiefelabdruck Deines guten alten Weihnachtsmanns auf dem Marmor zeigt, kleiner Schatz?

Auf Wiedersehen, bis in ein paar Minuten. Dann komm ich zur Erde herunter und klingel an der Küchentür.

Alles Liebe,

Dein Weihnachtsmann,
der manchmal auch »der Mann im Mond«
genannt wird.

In jenem angenehmen Pariser Haus hielt Mrs. Clemens ein- oder zweimal in der Woche kleine Abendgesellschaften ab, und es versteht sich von selbst, dass unter diesen Umständen meine Charakterfehler reichlich Gelegenheit hatten, sich bemerkbar zu machen. Sobald die Gäste das Haus verlassen hatten, wusste ich unweigerlich, dass ich mich wieder einmal danebenbenommen hatten. Mrs. Clemens zählte verschiedene Dinge auf, die ich getan hatte und nicht hätte tun dürfen, und stets konnte sie sagen:

»Ich hab's dir wieder und wieder gesagt, aber du tust es jedes Mal, als hätte ich dich nie gewarnt.«

Die Kinder blieben immer auf, um in den Genuss zu kommen, dieses Gespräch mit anzuhören. Nichts ergötzte sie mehr, nichts entzückte sie mehr, nichts befriedigte ihre Seelen mehr, als mich so in die Mangel genommen zu sehen. Sobald wir die Treppe hinaufstiegen, hörten wir hastiges Getrappel und wussten, dass die Kinder uns wieder einmal belauscht hatten. Sie hatten einen Namen für diese Vorstellung. Sie nannten sie »Papa herunterputzen«. Normalerweise waren sie folgsame junge Rabauken, durch Gewohnheit, durch Erziehung, durch lange Erfahrung; doch hier überschritten sie die Grenze. Sie konnten nicht davon abgehalten werden, in Hörweite zu bleiben, wenn ich heruntergeputzt wurde.

Schließlich hatte ich eine Eingebung. Es ist erstaunlich, dass ich nicht schon früher darauf gekommen war. Ich sagte:

»Livy, weißt du, mich *nach* all diesen Abenden herunterzuputzen ist keine kluge Vorgehensweise. Du könntest mich ein ganzes Jahr lang nach jedem Dinner herunterputzen, und doch werde ich bei jedem darauffolgenden Dinner die gleichen verbotenen Dinge tun, als hättest du kein Wort gesagt, denn in der Zwischenzeit wären mir alle deine Anweisungen längst entfallen. Ich glaube, du solltest mich lieber unmittelbar vor dem Eintreffen der Gäste herunterputzen, dann kann ich einiges davon im Kopf behalten und es auch berücksichtigen.«

Sie gab zu, dass das vernünftig war und eine sehr gute

Idee. Dann gingen wir daran, ein System von Signalen auszuarbeiten, die sie mir während des Dinners geben könnte; Signalen, die mir deutlich anzeigten, welches besondere Verbrechen ich gerade verübte, damit ich zu einem anderen übergehen konnte. Allem Anschein nach hatte eine der diebischsten Freuden der Kinder ein Ende gefunden und war aus ihrem Leben verschwunden. Jedenfalls nahm ich das an, aber dem war nicht so. Die jungen unbelehrbaren Dinger stellten einen Wandschirm auf, hinter dem sie sich während des Dinners versteckten, um nach Signalen zu horchen und sich darüber zu amüsieren. Das Signalsystem war einfach, aber wirkungsvoll. War Mrs. Clemens einmal zu sehr damit beschäftigt, sich mit ihrem Sitznachbarn zu unterhalten, und übersah, was ich gerade tat, konnte sie sicher sein, von den Kindern hinter dem Wandschirm einen leisen Wink zu erhalten:

»Blaue Karte, Mama«; oder »rote Karte, Mama« – »grüne Karte, Mama«, so dass ich unter doppelter und dreifacher Bewachung stand. Was den Augen der Mutter entging, entdeckten die Kinder.

Wie gesagt, die Signale waren recht einfach, aber äußerst wirkungsvoll. Auf einen Hinweis der Kinder hinter dem Wandschirm blickte Livy über den Tisch und sagte mit interessierter Stimme, wenn nicht gar mit geheuchelter Sorge: »Was hast du mit der blauen Karte gemacht, die auf der Frisierkommode lag –«

Das genügte. Ich wusste, was vor sich ging – dass ich die

Dame zu meiner Rechten totquatschte und der Dame zu meiner Linken nicht genügend Aufmerksamkeit schenkte. Die blaue Karte besagte: »Gönne der Dame zu deiner Rechten eine Feuerpause; attackiere die Dame zu deiner Linken«, so dass ich unverzüglich dazu überging, mich energisch mit der Dame zu meiner Linken zu unterhalten. Es dauerte nicht lange, bis ein anderer Wink erging, gefolgt von einer Bemerkung von Mrs. Clemens, die sich scheinbar beiläufig auf eine rote Karte bezog, was bedeutete: »Oh, willst du etwa den ganzen Abend dasitzen und kein Wort von dir geben? Wach auf und unterhalte dich endlich.« Also erwachte ich und flutete den Tisch mit meinem Redeschwall. Wir verwendeten eine Reihe verschiedenfarbiger Karten, deren jede eine bestimmte Bedeutung hatte und meine Aufmerksamkeit auf das eine oder andere Verbrechen in meinem Sündenregister lenkte; ein überaus nützliches System. Es war ganz und gar erfolgreich. Es war wie Buck Fanshaws Unruhen – es unterdrückte die Unruhen, bevor sie richtig losgehen konnten. Während des Dinners verhinderte es ein Verbrechen ums andere, und am Ende ging ich immer als strahlender Sieger hervor und wurde mit wohlverdientem Lob bedacht, das ich jedes Mal auf der Stelle erhielt.

Arbeit,
die man Vergnügen nennt

Heute habe ich den ganzen Tag im Bett gelegen, ich rechne damit, auch morgen den ganzen Tag im Bett zu liegen, und werde den Rest des Jahres den ganzen Tag im Bett liegen. Nichts ist so erfrischend, nichts ist so behaglich, und nichts bereitet einen so gut auf die Art von Arbeit vor, die man Vergnügen nennt.

Unrentabel verrichtete Arbeit wird immer schlechter und ist alsbald nichts mehr wert, und die Kunden sind folglich gezwungen, sich nach Anbietern umzutun, die die Arbeit besser erledigen, auch wenn sie höhere Preise dafür verlangen.

Was einen innerlich am meisten beschäftigt, sollte das sein, worüber man redet oder schreibt.

Eine Erzählung sollte fließen, so wie ein Bach durch Hügel und Laubwälder fließt; mit jedem Felsen, auf den er trifft, und mit jedem grasbewachsenen, kiesigen Vorsprung, der in seinen Weg ragt, verändert sich sein Lauf; der Wasserspiegel zerbricht, indes halten Felsen und Geröll auf dem Grund der Untiefen seinen Lauf nicht auf; ein Bach, der nicht eine Minute lang gerade verläuft, der aber *läuft*, und zwar schnell läuft, manchmal ungrammatisch, der manchmal eine Dreiviertelmeile ein Hufeisen mit sich führt und am Ende seines Kreislaufs nur einen Meter weit von dem Bett entfernt fließt, das er eine Stunde zuvor durchlaufen hat; immer aber *läuft* er, und immer folgt er wenigstens *einem* Gesetz, bleibt diesem Gesetz treu, dem Gesetz der *Erzählung*, die *kein Gesetz kennt*. Es bleibt nichts anderes zu tun, als die Reise zu unternehmen; nicht das Wie ist wichtig, sondern dass die Reise unternommen wird.

Die Leute lesen unsere Bücher nicht wirklich, sie behaupten es nur, damit unsereins sich nicht schlecht fühlt.

»Klassiker« – ein Buch, das die Leute rühmen und nicht lesen.

Wenn Frauen Romane lesen, überspringen sie gewöhnlich das Wetter, aber mir ist aufgefallen, dass sie alles, was ein Schriftsteller über Einrichtung, Raumgestaltung, Komfort und den allgemeinen Stil eines Heims schreibt, gierig verschlingen.

Vor guter Rechtschreibung hatte ich noch nie sonderlich Respekt. So empfinde ich auch heute noch. Bevor das Rechtschreibbuch mit seinen willkürlichen Schreibweisen herauskam, offenbarten die Menschen durch ihre Rechtschreibung unbewusst Nuancen ihres Charakters und fügten dem Geschriebenen auch erhellende Nuancen des Ausdrucks hinzu, und so ist das Rechtschreibbuch möglicherweise von zweifelhaftem Wert für uns.

Literatur ist eine *Kunst*, keine Inspiration. Sie ist sozusagen ein *Handwerk*, das erlernt werden muss – man kann es nicht einfach »auflesen«. Man kann es auch nicht in einem Jahr oder in fünf Jahren lernen. Sein Kapital ist *Erfahrung*. […] Sobald Sie sich außerhalb Ihrer *eigenen* Erfahrungen wagen, sind Sie in Gefahr – tun Sie das nie.

Eine allgemeine Erwiderung

Als ich sechzehn oder siebzehn Jahre alt war, kam mir eine glänzende Idee – eine ganz neue, die noch niemandem zuvor gekommen war: Ich wollte ein paar »Sachen« schreiben, sie dem Redakteur des *Republican* hinbringen und ihn bitten, mir seine offene, ungeschminkte Meinung über ihren Wert zu sagen!

Nun, so alt und abgedroschen die Idee auch war, mir war

sie neu und schön, und sie fuhr mir wie der wahre Blitz und Donner der Originalität brennend und krachend durch die Glieder. Ich schrieb die Sachen. Ich schrieb sie mit jener gelassenen Zuversicht und jener unbekümmerten Leichtigkeit, die nur bei fehlender Übung und mangelnder literarischer Erfahrung anzutreffen sind. Es gab nicht einen einzigen Satz darin, den zu überlegen, zu bilden, zurechtzustutzen und endgültig zu formulieren ich eine halbe Stunde gebraucht hätte. Tatsächlich ist es möglich, dass es nicht einen einzigen Satz gab, dessen Abfassung mich auch nur ein Sechstel der Zeit gekostet hätte. Wenn ich mich recht erinnere, gab es in dem ganzen reinen Manuskript nicht eine einzige Stelle, wo ich radiert oder darübergeschrieben hätte. (Inzwischen habe ich den starken Glauben an meine Fähigkeiten und auch diese wunderbare Vollkommenheit der Ausführung verloren.) Ich ging also los zur Redaktion des *Republican*, die Tasche voller Manuskripte, den Kopf voller Träume und eine großartige Zukunft vor mir. Ich wusste sehr genau, dass der Redakteur von meinen Sachen begeistert sein würde. Doch wenig später …

Die Einzelheiten spielen allerdings keine Rolle. Ich wollte nur sagen, dass sich gerade jetzt ein schattenartiger Zweifel in meine gehobene Stimmung schlich. Ein anderer kam hinzu und noch einer. Sehr bald eine ganze Prozession von Zweifeln. Und als ich endlich vor der Redaktion des *Republican* stand und die hohe, fühllose Fassade hinaufblickte, da konnte ich mir kaum denken, dass *ich* derjenige war, der vor zehn Minuten noch diese Burg dreist herausgefordert hätte und nun so klein und jämmerlich dastand, dass er, wenn er vermessen auf das Fußabstreichgitter träte, wahrscheinlich hindurchfallen würde.

Zu ungefähr diesem entscheidenden Zeitpunkt kam der Redakteur, genau der Mann, dessen Rat ich einholen wollte, die Treppe herunter, hielt einen Moment an, um an seinen Manschetten zu ziehen und den Rock zu richten, und bemerkte zufällig, dass ich ihn nachdenklich betrachtete. Er fragte mich, was ich wünsche. Ich antwortete: »Nichts!« – mit jungenhafter Demut und Beschämung; und während ich den Blick senkte, kroch ich kleinlaut davon, bis ich draußen in der Seitenstraße war, atmete dann tief und dankbar auf, nahm die Beine in die Hand und rannte davon!

Ich hatte genug. Ich wollte nichts mehr. Das war mein erster Versuch, die »offene, ungeschminkte Meinung« eines Literaten über meine Werke zu erfahren, und der hat mir bis heute ausgereicht. Und wenn ich jetzt in diesen Tagen ein Bündel Manuskripte mit der Post erhalte, mit dem Ersuchen, ein Urteil über deren Güte zu fällen, dann möchte ich dem Verfasser am liebsten sagen: »Wenn Sie Ihre Sachen nur zu einem grimmigen, stattlichen Redaktionsgebäude gebracht hätten, wo Sie keinen Menschen kannten, dann hätten Sie keine so hohe Meinung von Ihren Ergüssen, wie Sie – das sieht man deutlich – sie jetzt haben.«

Jedermann, der Zeitungs- oder Zeitschriftenredakteur wird, erhält sofort Manuskripte von literarischen Bewerbern zugesandt und wird gleichzeitig gebeten, sein Urteil über sie abzugeben; und nachdem er in acht oder zehn Fällen dem Wunsche entsprochen hat, nimmt er schließlich zu einer allgemeinen Predigt über dieses Thema Zuflucht, die er in seinem Blatt veröffentlicht, und dann verweist er solche Korrespondenten immer auf diese Predigt als Antwort. Diesen Punkt habe ich endlich in meiner literarischen Laufbahn erreicht. Ich höre nun auf, den Ratsuchenden privatim zu erwidern, und gehe dazu über, meine öffentlichen Predigten abzufassen.

Da alle Briefe der Art, von der ich spreche, genau denselben Inhalt besitzen, nur anders formuliert, unterbreite ich als gutes Durchschnittsbeispiel den letzten, den ich erhielt:

Mark Twain, Esq.

3. Okt. …

Sehr geehrter Herr!

Ich bin ein Jüngling, gerade mit der Schule fertig und bereit, ins Leben zu treten. Ich habe mich umgesehen, finde aber nichts, was mir so recht zusagt. Ist eine literarische Laufbahn leicht und einträglich, oder ist es das harte Leben, als das es im Allgemeinen hingestellt wird? Diese Laufbahn *muss* leichter sein als eine große Anzahl, wenn nicht die meisten anderen Berufe, und ich bin geneigt, diesen Weg einzuschlagen, ob ich es schaffe oder verkrache, schwimme oder versinke, überlebe oder zugrunde gehe. Also, welches sind die Voraussetzungen des Erfolgs in der Literatur? Sie brauchen sich nicht zu scheuen, die Dinge so darzustellen, wie sie sind. Mehr als scheitern kann ich nicht. Das kann einem überall so gehen.

Als ich an das Rechtswesen dachte – ja und fünf oder sechs andere Berufe –, da entdeckte ich, dass es überall jedes Mal dasselbe war, nämlich: *alles voll – überlaufen – jeder Berufszweig so vollgepfropft, dass ein Erfolg ausgeschlossen ist – zu viele Leute und nicht genug Arbeit.* Aber etwas *muss* ich ja versuchen, und so wende ich mich schließlich der Literatur zu. Irgendetwas sagt mir, dass dies die wahre Seite meiner Begabung ist, wenn ich eine besitze. Anbei einige meiner Sachen. Wollen Sie diese bitte durchlesen und mir Ihre ehrliche, unvoreingenommene Meinung darüber sagen? Ich bedaure es sehr, Sie zu belästigen, aber Sie sind ja auch einmal jung gewesen, und um was ich Sie bitten möchte, ist, mir eine Stelle bei einer Zeitung zu verschaffen, wo ich etwas zu schreiben habe. Sie kennen viele Zeitungsleute, und ich bin völlig unbekannt. Und wollen Sie für mich die besten Bedingungen vereinbaren, die Sie nur vereinbaren können? – obgleich ich natürlich anfangs nicht mit dem rechne, was man ein hohes Gehalt nennt. Werden Sie mir ehrlich sagen, was solche Artikel wie die beiliegenden wert sind? Ich habe eine ganze Menge davon. Wenn

116

Sie diese unterbrächten und mir Bescheid gäben, kann ich Ihnen weitere schicken, die ebenso gut und vielleicht besser sind als diese. Eine baldige Antwort, usw.

Ihr sehr ergebener usw.

Ich werde Ihnen in guter Absicht antworten. Ob meine Bemerkungen einen großen Wert haben werden oder nicht, ob meine Anregungen es wert sind, befolgt zu werden, das sind Probleme, die zu lösen ich mit dem größten Vergnügen gänzlich Ihnen überlasse. Um zu beginnen: Ihr Brief enthält mehrere Fragen, die schließlich allein von der eigenen Lebenserfahrung beantwortet werden können und nicht von den Worten eines anderen. Diese Fragen lasse ich einfach aus.

1. Die Literatur ist wie das geistliche Amt, die Medizin, das Rechtswesen und *alle anderen* Berufe gehemmt und behindert, aus Mangel an Leuten, die die Arbeit erledigen, nicht aus Mangel an Arbeit, die zu erledigen ist. Wenn Ihnen die Leute das Gegenteil erzählen, dann sprechen sie nicht die Wahrheit. Wenn Sie das prüfen wollen, brauchen Sie nur einen erstklassigen Redakteur, Reporter, Betriebsdirektor, Werkmeister, Handwerker oder anderen tüchtigen Mann aus irgendeinem Gebiet der Industrie ausfindig zu machen und zu versuchen, ihm Beschäftigung zu geben. Sie werden entdecken, dass er schon irgendwo beschäftigt ist. Er ist besonnen, fleißig, fähig und verlässlich und immer begehrt. Nicht einen Tag kann er ohne die Erlaubnis

seines Arbeitgebers, seiner Stadt oder der großen allgemeinen Öffentlichkeit Urlaub nehmen. Aber wenn Sie Faulenzer haben wollen, Drückeberger, halbgebildete, unehrgeizige, ein bequemes Leben suchende Redakteure, Reporter, Anwälte, Ärzte und Handwerker, dann können Sie sich überallhin wenden. Millionen können Sie bekommen, wenn Sie nur mit dem kleinen Finger winken.

2. Nein; ich muss und will kein Gutachten – gleich, was für eins – über den literarischen Wert Ihrer Erzeugnisse abgeben. Die Öffentlichkeit ist der einzige Kritiker, dessen Urteil überhaupt etwas zählt. Schenken Sie meinen kärglichen Worten keinen Glauben, sondern überlegen Sie eine Weile und glauben Sie Ihren eigenen. Hätten zum Beispiel Sylvanus Gobb oder T. S. Arthur Ihnen ihre ersten Manuskripte eingereicht, dann hätten Sie unter Tränen gesagt: »Also bitte, schreiben Sie nichts mehr!« Aber Sie sehen ja selbst, wie beliebt sie nun sind. Und wenn es Ihnen überlassen worden wäre, hätten Sie gesagt, der »Marmorfaun« sei langweilig und dass es sogar dem »Verlorenen Paradiese« an Heiterkeit gebreche; aber Sie wissen, dass sie im Buchhandel gutgehen. Viele Männer, weisere und vortrefflichere als Sie, haben noch vor zweihundert Jahren die Nase über Shakespeare gerümpft, und doch hat der alte Bursche diese Leute überlebt. Nein, ich will nicht über Ihre Literatur zu Gericht sitzen. Wenn ich sie aufrichtig und guten Gewissens priese, könnte ich dazu beitragen, der Öffentlicheit einen sich lange haltenden, mitleidslosen lästigen Stumpf-

sinn aufzubürden; wenn ich sie aufrichtig und guten Gewissens verrisse, könnte ich womöglich die Welt eines unentwickelten und unvermuteten Dickens' oder Shakespeares berauben.

3. Ich schrecke davor zurück, eine literarische Tätigkeit für Sie ausfindig zu machen, die Sie ausüben und bezahlt bekommen sollten. Wenn Ihre literarischen Erzeugnisse selbst bewiesen haben, dass sie etwas taugen, dann brauchen Sie nicht nach einer einträglichen literarischen Beschäftigung herumzujagen. Um nur die Hälfte der Arbeit zu erledigen, die man Ihnen dann anträgt, werden Sie mehr Hände brauchen, als Sie jetzt haben, und mehr Verstand, als Sie vermutlich je besitzen werden. Es gibt nun eine sehr einfache und sehr sichere Methode, um zu einem Beweise des besagten Wertes zu gelangen; sie besteht darin, *ohne Bezahlung so lange zu schreiben, bis jemand eine Bezahlung anbietet.* Wenn innerhalb dreier Jahre niemand eine Bezahlung anbietet, mag der Kandidat diesen Umstand mit dem blindesten Vertrauen als Zeichen dafür betrachten, dass es Holzsägen ist, wozu er bestimmt ist. Wenn überhaupt etwas Weisheit in ihm steckt, wird er sich mit Würde zurückziehen und diese Tätigkeit seiner göttlichen Berufung übernehmen.

In den obigen Bemerkungen habe ich nur den Gang der Dinge dargestellt, wie ihn Mr. Dickens und die meisten anderen erfolgreichen Schriftsteller durchlaufen mussten; aber das ist ein Gang, der bei meinen Klienten vielleicht keine Gegenliebe finden wird. Der junge angehende Literat ist ein sehr, sehr merkwürdiges Geschöpf. Er weiß, wenn er Klempner werden wollte, würde der Meister von ihm verlangen, zu beweisen, dass er einen guten Charakter hat, und er würde das Versprechen von ihm fordern, dass er drei Jahre in seiner Werkstatt bliebe – vielleicht vier Jahre –, und er würde ihm das ganze erste Jahr hindurch auftragen, aufzufegen, Wasser zu holen und Feuer zu machen, und ihm zwischendurch beibringen, wie man Öfen schwärzt; und für diese guten ehrlichen Dienste würde er ihm zwei billige Anzüge bezahlen und freie Kost gewähren; im nächsten Jahr würde er dann die erste Unterweisung im Handwerk erhalten, und seinen Einkünften würde ein Dollar hinzugefügt werden; und zwei Dollar würden im dritten und drei im vierten Jahr hinzukommen; und *dann,* wenn ein erstklassiger Klempner aus ihm geworden wäre, würde er fünfzehn oder zwanzig oder vielleicht dreißig Dollar pro Woche erhalten und, solange er lebte, nie die Möglichkeit haben, auf fünfundsiebzig zu kommen. Wenn er irgendein anderes Handwerk ergreifen wollte, müsste er dieselbe langwierige, schlechtbezahlte Lehrzeit durchmachen. Wenn er Rechtsanwalt oder Arzt werden wollte, hätte er es noch fünfzigmal schlechter, denn er würde während der langen Ausbildung überhaupt nichts bekommen und überdies für die Unterweisung eine große Summe zahlen müssen, und er hätte auch das Vorrecht, sich selbst zu kleiden und zu beköstigen.

Das alles weiß der angehende Schriftsteller, und doch besitzt er die Kühnheit, sich zur Aufnahme in die Schreibergilde zu melden und zu bitten, an ihren hohen Ehrungen und Einkünften teilzuhaben, ohne dass er als Rechtfertigung seiner Anmaßung die Lehrzeit eines einzigen Jahres nachweisen kann! Er würde freundlich lächeln, wenn man ihn aufforderte, eine so einfache Sache wie einen billigen zinnernen Schöpflöffel ohne vorherige Unterweisung in dem Handwerk herzustellen; aber gänzlich unerfahren und unbedarft, wortreich, bombastisch behauptend, ohne Beherrschung der Grammatik und mit einer verschwommenen, verzerrten Kenntnis der Menschen und der Welt, die er in einem abgelegenen Dorf erwarb, will er ganz gelassen eine so gefährliche Waffe wie die Feder ergreifen und die furchtbarsten Themen in Angriff nehmen, die ihm Finanz, Handel, Krieg und Politik bieten. Es wäre zum Lachen, wenn es nicht so traurig und beklagenswert wäre. In die Klempnerwerkstatt würde sich der jämmerliche Kerl nicht ohne Lehre hineindrängen, aber er ist bereit, mit unerfahrener Hand ein Werkzeug zu ergreifen und zu führen, das Dynastien zu stürzen, Religionen zu verändern und über das Wohl und Wehe von Nationen zu verfügen vermag.

Wenn der Absender für die Zeitungen seiner Gegend ohne Honorar schreiben wollte, dann müsste es nicht mit rechten Dingen zugehen, wenn er nicht so viel Beschäftigung erhielte, wie er unter diesen Bedingungen nur bewältigen könnte. Und sobald seine Artikel Geld wert sind, würde es ihm sofort von allen Seiten angeboten werden.

Und mit einer ernsten und wohlgemeinten Ermunterung möchte ich ihm noch einmal die Wahrheit nahebringen, dass für die Presse annehmbare Schriftsteller so dünn gesät sind, dass Buch- und Zeitungsverleger ständig auf der Suche sind, mit einer gespannten Aufmerksamkeit, die keinen Augenblick nachlässt.

Mit Zuhörern kenne ich mich bestens aus, sie glauben alles, was man sagt, nur nicht, wenn man die Wahrheit sagt.

Gewöhnlich rede ich so lange, bis ich das Publikum eingeschüchtert habe. Manchmal braucht es dazu eine Stunde und fünfzehn Minuten, manchmal schaffe ich es auch in einer Stunde.

Auf dem Lande ist das Publikum schwierig; eine Passage, die es mit Raunen billigt, ruft in der Großstadt Getöse hervor. Ein mäßiger Erfolg auf dem Lande bedeutet einen Triumph in der Großstadt.

Liebste Livy,

[…]. Ein Unglück kommt selten allein. Gestern Nachmittag erreichte ich Cambridge & fuhr durch einen hefti-
gen Hagelschauer zum Hotel – es war trübselig & kalt.
Meine Laune verschlechterte sich zusehends. Dann infor-
mierte mich das Komitee (mit dem üblichen scharfsinni-
gen Urteilsvermögen), dass die *Troy Times* meinen ganzen
Vortrag bereits abgedruckt, hoch gelobt & mit zahllosen
Gedanken- und Bindestrichen versehen hatte, um meine
schleppende Sprechweise zu imitieren. Dann sagten sie mir
noch, dass die *Times* in Cambridge viel gelesen werde.
Meine Laune wurde noch schlechter, langsam wurde ich
ärgerlich. Ich beschimpfte meinen Informanten in recht
ungeschminkten Worten, ob er nichts Besseres zu tun habe,
als mir zu *erzählen*, dass ich vor einem Publikum auftreten
solle, dem mein Vortrag schon bekannt sei. Dann ging er
(um nach dem Essen wiederzukommen) & ließ mich mit
meinem Zorn allein. […]

Nach einiger Zeit kam der Vorsitzende zurück, & um
7 Uhr ging der Feueralarm los, & er sprang auf & rief:
»Mein Gott, der Vortragssaal steht in Flammen!«

Im Geiste sprach ich ein inbrünstiges Dankgebet, &
wenn je eines meiner Gebete bis zum Himmelsthron durch-
kam, dann dieses. Ich rührte mich nicht vom Fleck, & mein
schrecklich aufgeregter Vorsitzender bremste seine rasende

Flucht zur Tür. Ich sagte: »Sie können am blendenden Schein der Fenster erkennen, dass Ihr Saal nicht zu retten ist – warum wollen Sie sinnlos hinrennen?«

Er beruhigte sich ein wenig & setzte sich, & während das Feuer durch die hohen Fenster loderte, besserte sich meine Laune, bis ich merkte, dass alles, was mir zu meinem Glück noch fehlte, der Anblick der Herausgeber der *Troy Times* & dieses Vorsitzenden in diesem brennenden Gebäude war.

Doch meine heitere Stimmung wurde im Keim erstickt, & die Verzweiflung kehrte wieder. Das Haus wurde gerettet. Es war ein bisschen angekokelt & von Wasser überflutet. Doch binnen einer Stunde hatten sie die Böden geschrubbt, den Rauch ausgelüftet & den Raum neu beheizt – & ich hielt meinen Vortrag. […]

Der Friede sei mit Dir, mein Schatz.

Sam

Kein Breitengrad, der nicht dächte, er wäre Äquator

Kein Breitengrad, der nicht dächte, er wäre Äquator geworden, wenn alles mit rechten Dingen zugegangen wäre.

Reisen ist für Vorurteile, Bigotterie und Engherzigkeit lebensgefährlich, und viele unserer Leute benötigen es aus diesem Grunde dringend.

Vergisst man den Schmerz, ist man schmerzfrei; vergisst man die Sorgen, ist man sie los; fährt man nach Übersee, schlägt man beide Fliegen mit einer Klappe. Versuchen Sie's mal mit meiner Verschreibung!

Wir alle sehen Leute gern seekrank, wenn wir selbst es nicht sind.

Erst wenn er ins Ausland fährt, wird der freundliche Leser erfahren, zu welch ausgewachsenem Esel er werden kann.

Die Verdammnis hole alle Fremdenführer!

Ich würde niemals ohne Fremdenführer reisen, solange ich glaube, mir den Tarif leisten zu können, denn ein guter Fremdenführer ist eine Annehmlichkeit, deren Wert man gar nicht in Dollar und Cent abschätzen kann. Ohne ihn ist das Reisen eine bittere, zermürbende Sache, ein Fegefeuer kleiner, aufreizender Verdrießlichkeiten, eine unaufhörliche und unbarmherzige Strafe – ich meine für einen reizbaren Menschen, der kein Organisationstalent besitzt und den Einzelheiten verwirren.

Ohne Fremdenführer bietet das Reisen nirgends einen Freudenschimmer; aber *mit* einem ist es eine unaufhörliche, ungetrübte Wonne. Er ist stets erreichbar, braucht nie geholt zu werden; wenn man auf dein Klingeln nicht sofort kommt – und das tut man selten –, brauchst du bloß die Tür zu öffnen und zu sprechen, der Fremdenführer hört es, und er sorgt dafür, dass der Auftrag ausgeführt wird, oder er zettelt einen Aufruhr an. Du sagst ihm, an welchen Tag du aufbrechen willst und wohin du fährst – überlasse ihm alles Übrige. Du brauchst dich nicht nach Zügen oder Fahrtkosten oder Umsteigestationen oder Hotels oder sonst etwas zu erkundigen. Zur rechten Zeit setzt er dich in eine Droschke oder einen Omnibus und fährt dich zur Bahn oder zum Dampfer; er packt dein Gepäck und gibt es auf, er bezahlt alle Rechnungen.

Ich würde lieber in England als in Amerika leben – was Verrat ist.

Ich glaube, London ist das angenehmste und befriedigendste Dorf der Welt. Ein Fremder schließt es bald ins Herz, und der Einheimische lebt und stirbt voller Verehrung.

Es hat schon Schotten gegeben, die so taten, als hätten sie keinen Sinn für Humor, aber es gereichte ihnen nicht zur Ehre, dass sie Erfolg damit hatten.

In alten Zeiten traute kein Italiener seinen Contadini (bäuerlichen Nachbarn), und ihre Nachfolger trauen ihnen auch heute nicht.

Rauchen Sie niemals italienischen Tabak. Tun Sie es unter gar keinen Umständen. Ich schaudere, wenn ich daran denke, woraus er hergestellt sein muss.

Ich nehme an, dass ein Vergleich zwischen dem alten und dem modernen Griechenland den stärksten Kontrast ergibt, der in der Geschichte zu finden ist.

Ich hatte immer geglaubt, ich wäre faul, aber im Vergleich zu einem Konstantinopler Hund bin ich eine Dampfmaschine.

Wie hässlich, geschmacklos & abstoßend sind all die Wohnungseinrichtungen, die ich in Europa gesehen habe, im Vergleich zu dem vollkommenen Stil unseres Erdgeschosses mit seinem köstlichen Traum aus harmonischen Farben & seinem alles durchdringenden Frieden & seiner Heiterkeit & tiefen Zufriedenheit.

Ich kann Dir nicht beschreiben, wie armselig & leer & widerwärtig Frankreich im Vergleich zu Amerika ist – zumindest für mich. In dem Moment, da ich in Amerika ankomme, scheine ich aus einem hässlichen Traum zu erwachen.

Es muss unbedingt
Angosturabitter sein

Die Gewohnheit, krank zu werden, ist eine schlechte Sache. Sie werden feststellen, wie schwierig es ist, mit ihr zu brechen.

Die Leute fragen mich jeden Tag:

»Was ist das Geheimnis Ihrer außergewöhnlichen Gesundheit?«

»Sechs Stunden *festen* Schlafs anstatt neun mit ständigen Unterbrechungen.«

Schlaf, solang Du kannst, es wird Dir mehr nutzen als schaden.

Ich finde es bedauerlich, dass die Welt so viele gute Dinge ablehnt, nur weil sie ungesund sind. Ich bezweifle, dass Gott uns irgendetwas geschenkt hat, was, in Maßen genossen, ungesund ist, ausgenommen Mikroben. Trotzdem gibt es Menschen, die sich alles und jedes Essbare, Trinkbare und Rauchbare, das sich einen zweifelhaften Ruf erworben hat, strengstens versagen. Diesen Preis zahlen sie für ihre Gesundheit. Und Gesundheit ist alles, was sie dafür bekommen. Wie seltsam das ist. Als verschleudere man sein gesamtes Vermögen für eine Kuh, die keine Milch mehr gibt.

Nun gibt es nichts, was mich davon überzeugen könnte, dass *mäßiges* Rauchen schädlich für mich ist. Ich kann den Argumenten und Beweisführungen derjenigen keine Bedeutung beimessen, die keine persönliche Erfahrung in dieser Sache haben & notgedrungen nur Theorien spinnen. Theorien sind bei mir wirkungslos.

Ich hatte volle drei Monate nicht geraucht, und keine Worte können auch nur annähernd den Appetit aufs Rauchen beschreiben, der mich verzehrte. Ich rauchte und war restlos glücklich. Ich weiß nicht mehr, was für eine Zigarrensorte es war. Vermutlich keine erlesene, sonst hätte der vorherige Raucher sie nicht so bald weggeworfen. Jedenfalls fand ich, es war die beste Zigarre, die je gedreht wurde. Der vorherige Raucher hätte ebenso gedacht, wenn er drei Monate lang ohne Zigarren hätte auskommen müssen. Ich rauchte den Stummel ohne Scham. Heute könnte ich das nicht mehr, heute bin ich kultivierter als damals. Aber rauchen würde ich ihn trotzdem. Ich kenne mich und die Menschheit gut genug, um das zu wissen.

Ich habe mir nie teure Zigarren gekauft, und immer wenn ich zu einem reichen Mann zum Abendessen gehe, habe ich zum Schutz gegen seine teuren Zigarren heimlich billige bei mir. In meinem Haus gibt es genügend teure Havanna-Zigarren, um einen beträchtlichen Zigarrenhandel zu betreiben, doch keine einzige habe ich selbst gekauft – ich bezweifle sogar, dass ich jemals eine davon geraucht habe. Es sind Weihnachtsgeschenke wohlhabender, aber unkundiger Freunde, die lange Jahre zurückreichen. Neulich fand ich zwei Handvoll von J. Pierpont Morgans Zigarren, die mir vor drei Jahren sein spezieller Freund, der inzwischen verstorbene William E. Dodge, geschenkt hatte, als ich eines Abends bei ihm zum Abendessen eingeladen war. Mr. Dodge rauchte nicht, und so nahm er an, es seien vorzügliche Zigarren, da sie eigens für Mr. Morgan in Havanna aus ganz bestimmtem Tabak gefertigt waren und $ 1,66 das Stück kosteten. Wann immer ich eine Zigarre kaufe, die sechs Cent kostet, werde ich argwöhnisch. Wenn sie viereinviertel oder fünf Cent kostet, rauche ich sie mit Zuversicht.

Ich kenne den Geschmack der ehrlich ergatterten Wassermelone und den Geschmack der mit List ergaunerten Wassermelone. Beide schmecken gut, aber die Erfahrenen wissen, welche besser schmeckt.

London, 2. Januar [1874]

Livy, mein Liebling,

bitte vergiss nicht & denk daran, mir bei meiner Ankunft eine Flasche Scotch Whiskey, eine Zitrone, etwas Puderzucker & eine Flasche *Angosturabitter* im Badezimmer hinzustellen. Seit ich in London bin, habe ich jeden Tag vor dem Frühstück, vor dem Abendessen & vor dem Schlafengehen ein Glas mit einem sogenannten Cocktail getrunken (aus jenen Zutaten gemischt). Der Schiffsarzt der »City of Chester« hat es mir empfohlen, & es war eine sehr bekömmliche Idee. Darauf führe ich die Tatsache zurück, dass meine Verdauung seither wunderbar funktioniert – einfach *perfekt*. Sie arbeitet Tag für Tag & Woche für Woche so regelmäßig wie ein Uhrwerk. Nun, meine Liebe, wenn Du die Sachen *jetzt* bestellst, um sie im Bad unterzubringen & dort zu lassen, bis ich wieder da bin, werden sie auch *da* sein, wenn ich ankomme. Wirst Du das tun? Ich schreib so gern über das Nachhausekommen – mir scheint, als wäre es schon morgen. Und ich stell mir liebend gern vor, wie ich um Mitternacht an der Tür läute – dann eine Stille von ein oder zwei Sekunden – dann wird der Riegel geöffnet & »Wer da?« – dann Küsse ohne Ende – dann Du & ich im Badezimmer,

132

ich trinke meinen Cocktail & zieh mich aus, & Du wartest auf mich – dann zu Bett, und – alles ist glücklich & fidel, wie es sein sollte. Ich *liebe* Dich & ehre Dich, mein Liebling.

Saml

Es muss unbedingt *Angosturabitter* sein.

Wie man eine Erkältung kuriert

Es hat vielleicht sein Gutes, zur Unterhaltung der Leser zu schreiben, doch ist es weitaus erhabener und edler, zu ihrer Belehrung zu schreiben, zu ihrem Gewinn, ihrem wirklichen, spürbaren Nutzen. Letzterem allein dient dieser Beitrag. Wenn es durch ihn gelänge, einem einzigen Leidenden unter meinen Mitmenschen wieder zur Gesundheit zu verhelfen, noch einmal das Feuer der Hoffnung und Freude in seinen matten Augen zu entzünden und seinem müden Herzen den raschen, kräftigen Pulsschlag vergangener Tage zurückzubringen, wäre ich für meine Mühe reichlich belohnt; und jene heilige Wonne würde meine Seele erfüllen, die jeder Christ nach einem guten, selbstlosen Werk verspürt.

Da ich stets ein reines, untadeliges Leben geführt habe, darf ich wohl mit Recht annehmen, dass niemand, der mich kennt, meine folgenden Ratschläge zurückweisen wird, aus Furcht, ich versuchte ihn zu täuschen. Möge sich

das Publikum selbst die Ehre erweisen, meine hier nieder-
gelegten Erfahrungen in der Behandlung einer Erkältung
zu lesen und dann meinem Beispiel nachzueifern.

Als das Weiße Haus von Virginia abbrannte, verlor ich
meine Wohnung, mein Glück, meine Gesundheit und meinen Koffer. Der Verlust der beiden erstgenannten Dinge
war nicht so schwerwiegend, denn eine Wohnung ohne
Mutter, ohne Schwester oder eine junge entfernte Verwandte, die deine schmutzige Wäsche aus dem Blickfeld
räumt und die Stiefel vom Kaminsims nimmt und dich so
daran erinnert, dass jemand da ist, der an dich denkt und
sich um dich kümmert, ist leicht zu finden. Und ich sorgte
mich auch nicht um den Verlust meines Glücks, denn da
ich kein Dichter war, konnte die Melancholie bei mir unmöglich lange anhalten. Aber eine gute Gesundheit und
einen besseren Koffer zu verlieren, das war ein ernstliches
Unglück. Am Tage des Feuers wich meine Gesundheit einer
schweren Erkältung, die ich mir durch die Überanstren-
gung zuzog, mich aufzuraffen, um etwas zu tun. Mein Leiden war außerdem zwecklos, denn der Plan, den ich zum
Löschen des Feuers gerade entwarf, war so kunstvoll, dass
ich ihn erst Mitte der darauffolgenden Woche vollenden
konnte.

Als ich zum ersten Mal nieste, hieß mich ein Freund ein
warmes Fußbad nehmen und zu Bett gehen. Das machte
ich. Kurz danach riet mir ein anderer Freund, aufzustehen
und ein kaltes Brausebad zu nehmen. Auch das machte ich.

In der gleichen Stunde noch versicherte mir ein weiterer Freund, man müsse »den Schnupfen füttern und das Fieber aushungern«, das sei das Richtige. Ich hatte beides, deshalb hielt ich es für das Beste, mich wegen des Schnupfens vollzustopfen, dann nichts zu verraten und das Fieber eine Weile hungern zu lassen.

In einem solchen Fall tue ich selten etwas halb. Ich aß eine tüchtige Portion. Mit meiner Kundschaft beehrte ich einen Fremden, der an jenem Morgen gerade sein Restaurant eröffnet hatte. In gebührendem Schweigen wartete er neben meinem Tisch, bis ich mit der Fütterung meines Schnupfens fertig war, dann fragte er, ob die Leute in Virginia viel unter Schnupfen zu leiden hätten. Ich sagte, das glaube ich wohl. Daraufhin ging er hinaus und nahm sein Wirtshausschild herunter.

Ich machte mich nun auf den Weg ins Büro und traf unterwegs wieder einen Busenfreund, der mir erklärte, es gäbe auf der Welt kein wirksameres Schnupfenmittel, als eine viertel Gallone warmes Salzwasser zu trinken. Ich glaubte kaum, dass dafür noch Platz vorhanden wäre, aber ich versuchte es trotzdem. Das Ergebnis war überraschend. Ich dachte, ich bringe meine unsterbliche Seele mit zum Vorschein.

Da ich nun meine Erfahrungen nur zum Nutzen derer darlege, die von dem Übel befallen sind, über das ich schreibe, werden diese wohl einsehen, wie richtig es von mir ist, sie vor den von mir probierten Mitteln zu warnen, die bei mir nicht anschlugen. Aus solcher Überzeugung rate ich ihnen also, sich vor warmem Salzwasser in Acht zu nehmen. Es mag ja eine ganz gute Medizin sein, aber ich halte sie für zu stark. Wenn ich wieder einmal den Schnupfen hätte und mir bliebe zu meiner Rettung nichts anderes übrig, als zwischen einem Erdbeben und einem Viertel Salzwasser zu wählen, so würde ich mein Heil mit dem Erdbeben versuchen.

Nachdem sich der Sturm in meinem Magen etwas gelegt hatte und mir kein guter Samariter mehr über den Weg lief, borgte ich mir wieder Taschentücher und zerschnäuzte sie in Atome, wie es in den ersten Phasen der Erkältung meine Gewohnheit gewesen war. Das trieb ich so lange, bis ich einer Dame begegnete, die von jenseits der großen Ebenen kam. Sie sagte, sie habe in einer Gegend gewohnt, wo Ärzte dünn gesät seien, und die Not habe sie gezwungen, sich ein ziemliches Geschick in der Behandlung einfacher »Alltagsbeschwerden« anzueignen. Ich war überzeugt, dass sie eine reiche Erfahrung haben müsse, denn sie sah aus, als wäre sie hundertfünfzig Jahre alt.

Aus Sirup, Scheidewasser, Terpentin und verschiedenen anderen Drogen braute sie einen Absud zusammen, von dem ich nach ihrer Anweisung alle Viertelstunden ein Weinglas voll nehmen sollte. Ich nahm nur eine einzige Dosis; das genügte mir. Sie beraubte mich aller moralischen Grundsätze und erweckte die unwürdigsten Triebe in mir. Unter ihrer unheilvollen Einwirkung heckte mein Verstand wahre Wunder von Ruchlosigkeit aus, doch meine Hand war zu schwach, diese Pläne auszuführen. Wenn zu jener Zeit meine Kraft nicht den dauernden Angriffen unfehlbarer Schnupfenmittel erlegen wäre, so wäre ich wahrhaftig imstande gewesen, den Friedhof zu plündern. Wie die meisten anderen Menschen habe ich oft niedrige Regungen und handle danach; doch bevor ich diese Medizin schluckte, hatte ich noch nie in solch übernatürlicher Verworfenheit geschwelgt und mich obendrein stolz darauf gefühlt.

Nach Ablauf von zwei Tagen war ich wieder so weit, dass ich aufs neue herumdoktern konnte. Ich nahm noch ein paar unfehlbare Mittel und trieb schließlich die Erkältung aus dem Kopf in die Lunge.

Nun fing ich an, unaufhörlich zu husten, und meine Stimme sank unter den Nullpunkt. Ich sprach in einem grollenden Bass, zwei Oktaven tiefer als sonst. Zu meiner regulären Nachtruhe gelangte ich erst, wenn ich mich in den Zustand völliger Erschöpfung gehustet hatte, und in dem Moment, wo ich im Schlafe zu reden begann, weckte mich dann meine krächzende Stimme wieder auf.

Von Tag zu Tag wurde meine Verfassung ernster. Man empfahl mir klaren Gin; ich nahm ihn. Dann Gin mit Sirup; auch den trank ich. Dann Gin mit Zwiebeln; ich fügte die Zwiebeln hinzu und schluckte alles drei. Ich stellte keine besondere Wirkung fest, nur dass ich mir einen Atem wie ein Bussard zugelegt hatte.

Nun wurde mir klar, dass ich zur Besserung meiner Gesundheit reisen musste. Mit meinem Reporterkollegen Wilson fuhr ich an den Lake Bigler. Mit großer Befriedigung denke ich noch daran, dass wir sehr vornehm reisten; wir benutzten nämlich die Pionierpost, und mein Freund nahm sein ganzes Gepäck mit, das aus zwei prachtvollen Seidentüchern und der Daguerreotypie seiner Großmutter bestand. Wir segelten, jagten, angelten und tanzten den ganzen Tag, und nachts pflegte ich meinen Husten. Durch all das stellte ich fest, dass es mir mit jeder Stunde des Tages besser ging. Meine Krankheit jedoch wurde ständig schlimmer.

Man empfahl mir eine kalte Packung. Bisher hatte ich noch nie ein Heilmittel zurückgewiesen, und es schien mir unklug, jetzt damit anzufangen; deshalb entschloss ich mich, die kalte Packung zu nehmen, obgleich ich keine Ahnung hatte, was für eine Prozedur das war. Man verabreichte sie mitten in der Nacht, und es war frostiges Wetter. Brust und Rücken wurden frei gemacht, ein Leintuch in Eiswasser getaucht und mir dann um den Leib gewickelt (es schien Tausende von Yard lang), bis ich wie der Rohrwischer einer schweren Haubitze aussah.

Es ist ein grausames Verfahren. Wenn der eisige Fetzen an das warme Fleisch kommt, fährt man so furchtbar zusammen und schnappt nach Luft, als läge man in den letzten Zügen. Mir gefror das Mark in den Knochen, und mein Herz setzte aus. Ich glaubte, mein letztes Stündlein habe geschlagen.

Der junge Wilson sagte, das erinnere ihn an eine Anekdote. Bei der Taufe eines Negers rutschte dieser dem Pfarrer aus der Hand und ertrank beinahe. Er zappelte jedoch im Wasser herum, kam schließlich wieder hoch, halb erwürgt und giftig vor Wut, und steuerte gleich aufs Ufer zu, wobei er Wasser spie wie ein Wal und denkbar schroff ausstieß: »Eines Tages wird noch mal einem Herrn sein Neger hier kaputtgehn und alles wegen so 'nem verdammten Blödsinn!«

Nehmen Sie nie eine kalte Packung – nie. Es ist eins der unangenehmsten Dinge der Welt und kommt gleich nach der Begegnung mit einer Dame aus der Bekanntschaft, die aus Gründen, die sie selbst am besten kennt, uns nicht sieht, wenn sie uns erblickt, und uns nicht kennt, wenn sie uns sieht.

Aber was ich sagen wollte, als es der kalten Packung nicht gelang, mich von der Erkältung zu befreien, riet mir eine befreundete Dame, ein Senfpflaster auf die Brust zu legen. Das hätte mich wohl wirklich kuriert, glaube ich, wäre nicht der junge Wilson gewesen. Als ich zu Bett ging, legte ich das Senfpflaster – ein prächtiges Exemplar, achtzehn Zoll im Quadrat – so bereit, dass ich es bequem zur Hand hatte, wenn ich es brauchte. Aber Wilson bekam in der Nacht Hunger und – das übrige kann sich der Leser denken.

Nach einer Woche Aufenthalt am Lake Bigler fuhr ich nach Steamboat Springs, wo ich außer den Dampfbädern eine Anzahl der scheußlichsten Arzneien nahm, die je zusammengebraut wurden. Die hätten mich wiederhergestellt, aber ich musste zurück nach Virginia fahren, wo ich es trotz der verschiedensten neuen Heilmittel, die ich tagtäglich schluckte, fertigbrachte, meinen Zustand zu verschlimmern, indem ich mich sorglos verhielt und mich ungebührlich der kalten Witterung aussetzte.

Endlich beschloss ich, San Francisco zu besuchen. Am ersten Tage nach meiner Ankunft sagte mir eine Dame im Hotel, ich solle alle vierundzwanzig Stunden ein Viertel Whisky trinken, und ein Freund aus der Stadt empfahl mir genau das Gleiche; das machte zusammen eine halbe Gallone. Ich tat es und lebe immer noch.

Also, in der allerbesten Absicht unterbreite ich den Schwindsüchtigen das wechselvolle Heilverfahren, das ich kürzlich durchgemacht habe. Sie mögen es probieren: Wenn es nicht hilft – es kann sie nicht mehr als umbringen.

Als Staatsmann kümmere dich nicht um die moralische Seite

Als Staatsmann bringe die Formalitäten in Ordnung, kümmere dich nicht um die moralische Seite.

Selbst die Tinte, mit der alle Geschichte geschrieben wird, ist nur flüssiges Vorurteil.

Nicht das Wort selbst ist Sünde, es ist der Geist hinter dem Wort.

Der Güte Gottes danken wir es, dass wir in unserem Lande diese drei unsagbar kostbaren Dinge besitzen: Redefreiheit, Gewissensfreiheit und die Klugheit, keine von beiden jemals auszuüben.

In der Welt sind gewisse süß duftende, mit Zucker überzogene Lügen gebräuchlich, die zu unterstützen und zu verewigen sich offenbar alle klugen Menschen stillschweigend verschworen haben. Eine davon lautet, es gebe in der Welt so etwas wie Unabhängigkeit: Unabhängigkeit des Denkens, Unabhängigkeit der Meinung, Unabhängigkeit des Handelns. Eine andere lautet, die Welt liebe es, Unabhängigkeit zu *erleben* – bewundere sie, beklatsche sie. Eine dritte, es gebe in der Welt so etwas wie Toleranz – in der Religion, in der Politik und dergleichen; und mit ihr geht die bereits erwähnte Behelfslüge einher, Toleranz werde bewundert und beklatscht. Jede dieser Stammlügen bringt viele Astlügen hervor: nämlich die Lüge, nicht alle Menschen seien Sklaven; die Lüge, Menschen seien froh, wenn andere Menschen Erfolg haben; froh, wenn sie gedeihen; froh, sie in große Höhen aufsteigen zu sehen; traurig, sie wieder fallen zu sehen.

Es gibt zwei verschiedene, zwei getrennte Arten christlicher Moral, so verschieden, so getrennt, so unverbunden, dass sie nicht näher miteinander verwandt sind als Erzengel und Politiker. Die eine Art ist die private christliche Moral, die andere die öffentliche christliche Moral. An 363 Tagen im Jahr bleibt der amerikanische Bürger seiner privaten christlichen Moral treu und hält den Charakter der Nation unbefleckt und in höchsten Ehren; dann, an den beiden anderen Tagen des Jahres, lässt er seine private christliche Moral daheim, trägt seine öffentliche christliche Moral zum Finanzamt und zur Wahlurne und tut sein Bestes, um den Wert seiner Gläubigkeit und Rechtschaffen-

heit des übrigen Jahres zu beeinträchtigen und zunichtezu-
machen.

Wie wenig Mühe es kostet, sich eine Lüge anzuerziehen
und an sie zu glauben, wenn man nur die allgemeine Ten-
denz erkennt, dass sie volkstümlich ist.

Das sittliche Gefühl lehrt uns, was das Rechte ist und wie
man ihm aus dem Weg geht – wenn es nicht gern gesehen
wird ist.

Wenn wir lernen wollen, was das menschliche Geschlecht,
bei Licht betrachtet, wirklich *ist*, brauchen wir es nur in der
Wahlzeit zu beobachten.

Jedes Jahr hilft der amerikanische Bürger in einer Reihe von
Städten und Staaten dabei, korrupte Männer in Ämter zu
hieven, jedes Jahr hilft er, die Korruption immer weiter zu
verbreiten; Jahr für Jahr lässt er das politische Leben des
Landes allmählich verrotten, während er, wenn er seine öffentliche christliche Moral wegwerfen und seine private
christliche Moral zur Wahlurne tragen würde, den Staats-
dienst unverzüglich säubern und die Bekleidung eines Am-

tes zu einer hohen und ehrenvollen Auszeichnung machen könnte, begehrt von den besten Männern, die das Land zu bieten hat. Jetzt aber – nun, jetzt betrachtet er sein unpatriotisches Wirken und seufzt und trauert und beschuldigt jeden außer dem Richtigen – sich selbst.

Wenn Parteiloyalität eine Form des Patriotismus ist, dann bin ich kein Patriot, und für einen solchen halte ich mich ohnehin nicht unbedingt, denn was die große Masse der Amerikaner als patriotischen Kurs betrachtet, stimmt in der Mehrzahl der Fälle mit meinen Ansichten nicht überein; wenn es irgendeinen nützlichen Unterschied zwischen einem Amerikaner und einem Monarchisten gibt, so liege er in der Theorie, dass der Amerikaner selbst entscheiden kann, was patriotisch ist und was nicht; wohingegen ein König dem Monarchisten seinen Patriotismus vorschreiben kann – eine Entscheidung, die end gültig ist und vom Opfer akzeptiert werden muss; meiner Überzeugung nach bin ich unter sechzig Millionen – den sechzig Millionen mit dem Kongress und der Regierung im Rücken – der einzige Mensch, der dazu privilegiert ist, mir meinen eigenen Patriotismus zu konstruieren.

Wenn das Land in einen Krieg eintritt und ich der Auffassung wäre, dass es sich um einen ungerechten Krieg handelt, würde ich das sagen. Wenn ich aufgefordert würde, für diese Sache das Gewehr zu schultern und unter dieser

Flagge zu marschieren, würde ich mich weigern. Ich würde nicht freiwillig unter der Flagge dieses oder irgendeines anderen Landes marschieren, wenn das Land meinem persönlichen Urteil nach im Unrecht ist. Wenn das Land mich *zwingen* würde, das Gewehr zu schultern, könnte ich nichts daran ändern, aber ich würde mich niemals freiwillig melden. Mich freiwillig zu melden wäre Verrat an mir selbst und folglich Verrat an meinem Land. Sollte ich mich nicht freiwillig melden, würde man mich einen Verräter *nennen*, dessen bin ich mir wohl bewusst – aber deswegen wäre ich noch lange kein Verräter. Der einstimmige Beschluss von sechzig Millionen könnte mich nicht zum Verräter stempeln. Ich wäre noch immer Patriot, meiner Meinung nach der einzige im ganzen Land.

Den Besten zu wählen – Credo genug.

Geehrter Herr, Ihre patriotischen Tugenden haben Ihnen die Verehrung der halben Nation und die Feindschaft der anderen halben Nation eingetragen. Damit erreicht Ihr Charakter als Bürger die gleiche Gipfelhöhe wie Washingtons. Das Urteil ist einhellig und unanfechtbar. In Fällen wie diesen sind die Stimmen beider Seiten notwendig und die Stimmen der einen Seite genauso wertvoll wie die der anderen. Wenn eine öffentliche Person alle Stimmen auf ihrer Seite hat, wird sich das Urteil gegen sie wenden. Es ist Sand, und die Geschichte wird es fortspülen. Das Urteil über Sie aber ist ein Fels und wird Bestand haben.

S. L. Clemens

Datiert 18. März 06

[An Ex-Präsident Cleveland zum 69. Geburtstag]

Und unsere Flagge! Auch eines der Dinge, auf die wir stolz sind, unser höchster Stolz! Wir haben sie so glühend verehrt, und wenn wir sie in fernen Ländern sahen – wenn sie unerwartet an fremdem Himmel aufleuchtete und uns Willkommen und Segen zuwehte –, da hielten wir den Atem an, entblößten das Haupt und verstummten einen Augenblick bei dem Gedanken, was sie uns bedeutete und welche hohen Ideale sie verkörperte. Wirklich, wir *müssen* in dieser Sache etwas tun; das lässt sich mühelos regeln. Wir können eine Sonderflagge schaffen – unsere Bundesstaaten machen das auch: Wir nehmen einfach unsere übliche Flagge, übermalen nur die weißen Streifen schwarz und ersetzen die Sterne durch einen Totenkopf mit gekreuzten Knochen.

Thanksgiving Day war ein Feiertag, der vor zwei, drei Jahrhunderten von Neuengland ausgegangen war, als die Leute dort erkannten, dass sie – jährlich, nicht öfter – allen Grund hatten, dankbar zu sein, wenn es ihnen gelungen war, in

146

den letzten zwölf Monaten ihre Nachbarn, die Indianer, auszurotten, statt von ihren Nachbarn, den Indianern, ausgerottet zu werden. Thanksgiving Day wurde zur Gewohnheit aus dem einfachen Grund, weil man im Laufe der Zeit merkte, dass das Ausrotten aufgehört hatte, eine gegenseitige Angelegenheit zu sein, und ausschließlich von Seiten des weißen Mannes erfolgte, folglich von Seiten des Herrn, und folglich war es nur recht und billig, dem Herrn dafür zu danken und ihm die üblichen jährlichen Komplimente darzubringen. Der ursprüngliche Grund für einen Thanksgiving Day besteht längst nicht mehr – die Indianer sind vollständig und zufriedenstellend ausgerottet und die Rechnung im Himmel mit gebührendem Dank beglichen.

Natürlich gilt meine Sympathie der russischen Revolution. Das versteht sich von selbst. Ich hoffe, sie wird erfolgreich sein, und nun, da ich mit Ihnen gesprochen habe, schöpfe ich neuen Mut, dass sie es sein wird. Eine Regierung der falschen Versprechungen, der Lügen, des Verrats und des Schlachtmessers, zur Bereicherung einer einzigen Familie von Schmarotzern und deren fauler und grausamer Sippschaft, ist, wie ich meine, in Russland lange genug ertragen worden. Und es bleibt zu hoffen, dass die wachgerüttelte Nation, die sich jetzt mit aller Kraft erhebt, ihr bald ein Ende setzen und an ihrer Stelle die Republik ausrufen wird. Manche von uns, selbst die Weißhaarigen, werden vielleicht

noch den gesegneten Tag erleben, da Zaren und Großher-
zöge dort genauso dünn gesät sein werden, wie sie es meiner Überzeugung nach im Himmel sind.

Die McKinleys, die Roosevelts und die millionenschweren
Jünger Jay Goulds, jenes Mannes, der in seinem kurzen Leben die Handelsmoral dieser Nation zerrüttet und bei seinem Tod stinkend zurückgelassen hat, haben unser Volk
aus einer Nation mit ziemlich hohen, ehrbaren Idealen in
das genaue Gegenteil verwandelt; unser Volk besitzt keine
beachtenswerten Ideale mehr.

Eine kleine Geschichte

Die kleine Geschichte erzählte mir neulich einer der Gäste
bei dem Dankgottesdienst, den der Union Leage Club in
Anbetung des von Wohlgeruch umwehten Senators Clark
gab. Er sagte:

»Ehrwürden Elliot B. X. aus der großen Stadt XX ist ein
eifriger, ja besessener Sammler seltener Bücher; das Vermögen seiner Frau versetzt ihn in die Lage, seiner Leidenschaft
ungehindert zu frönen. Vor mehreren Jahren reiste er durch
eine dünnbesiedelte ländliche Gegend, und um auszuru-
hen oder zu essen oder sonst etwas, kehrte er in einem
Farmhaus ein. Es war eine ärmliche, kleine, bescheidene

Wirtschaft, aber der Farmer, seine Frau und ihre zwei kleinen Kinder machten einen zufriedenen und glücklichen Eindruck. Mit einem Mal wurde der Geistliche auf ein umfangreiches Buch aufmerksam, das die kleinen Kinder beim Spiel als Schemel benutzten. Es sah wie eine Familienbibel aus. Mr. X. war bekümmert, die Heilige Schrift so missbraucht zu sehen; überdies weckte das altertümliche Aussehen des Buches seine Sammlerleidenschaft; er hob den Band auf und untersuchte ihn. Jähe Freude durchbebte ihn wie ein Erdstoß von der Kuppel bis zum Keller – das Buch war ein Shakespeare, Erstausgabe, und gut erhalten!

Sobald er seine Fassung wiedergefunden hatte, fragte er den Farmer, wo er das Buch herhabe. Der Farmer sagte, es habe seit undenklichen Jahren oder gar Generationen seiner Familie in Neuengland gehört, und als er auf der Suche nach einer neuen Heimat in den Westen zog, habe er das Buch nur mitgenommen, weil es eben ein Buch war; man wirft doch Bücher nicht weg.

Mr. X fragte ihn, ob er es verkaufen wolle. Der Farmer bejahte, er würde es gern gegen ein, zwei Bücher anderer Art eintauschen – neuere und fesselndere Bücher.

Mr. X. sagte, er würde es also mitnehmen und …«

An dieser Stelle unterbrach jemand unser Gespräch, und wir nahmen es nicht wieder auf. Auf dem Heimweg dachte ich über die unvollendete Erzählung nach, und im Bett kam ich immer noch nicht davon los. Es war eine interessante Situation, und ich bedauerte die Unterbrechung; da ich noch nicht müde war, nahm ich mir schließlich vor, die Geschichte selbst zu Ende zu führen. Ich wusste, das wäre leicht, denn solche Geschichten folgen immer einem bestimmten festgelegten Schema und führen am Ende alle zu demselben Ziel.

Ich muss einen Augenblick zurückgreifen, denn ich habe einen Umstand vergessen. Das Buch hatte in dem Geistlichen nicht nur ein freudiges Erdbeben ausgelöst, sondern zwei, denn er fand darin ein Autograph, das eindeutig von Shakespeare stammte – ein fabelhafter Fund, denn es sind überhaupt nur zwei weitere auf unserer Erde bekannt! Neben Shakespeares Namen stand noch einer – Ward. Zweifellos würde dieser Name eine Handhabe bieten, um die Herkunft des Buches festzustellen und seine Echtheit zu beweisen.

Wie gesagt, sollte sich die Geschichte leicht zu Ende führen lassen, und ich begann mir Gedanken zu machen. Ich dachte mir eine mich befriedigende Fortsetzung aus, und zwar wie folgt:

Meine Version

Sobald der Geistliche nach Hause kam, sah er die letzten Notierungen des Marktes für seltene Bücher durch und stellte fest, dass tadellose Exemplare von Shakespeare-Erstausgaben seit den Preislisten des letzten Herbstes um 5 % gestiegen waren, das Exemplar des Farmers somit 7300 Dollar wert war; weiterhin stellte er fest, dass der Listenpreis für ein echtes Shakespeare-Autograph von 55 000 auf 60 000 Dollar gestiegen war. Er dankte Gott demütig und inbrünstig für den glücklichen Zufall, der ihm diese Schätze über den Weg geführt hatte, und entschloss sich, sie seiner Sammlung einzuverleiben und diese Sammlung damit berühmt zu machen und ihren Ruf für immer zu begründen; also schrieb er einen Scheck über 67 300 Dollar aus und schickte ihn dem Farmer, der seine Überraschung und Dankbarkeit nicht in Worte zu fassen vermochte.

Ich war mit meiner Version sehr zufrieden und auch ein wenig stolz auf sie; deshalb war ich sehr darauf erpicht, den Rest der anderen Version zu erfahren, um zu sehen, ob mir irgendwelche Abweichungen unterlaufen waren. Ich stöberte den Erzähler auf, und er lieferte mir das Gewünschte wie folgt:

Schluss der ersten Version

»Es stellte sich heraus, dass der ungeheure Fund echt und im einschlägigen Handel viele Tausende Dollar wert war; der Wert des Autographs ließ sich in Dollars gar nicht abschätzen, denn gewisse amerikanische Multimillionäre hätten mit Freuden Dreiviertel eines Jahreseinkommens dafür gegeben. Der großmütige Geistliche vergaß den armen Farmer nicht, sondern schickte ihm ein Lexikon und 800 Dollar.«

Beim Cäsar! Ich war enttäuscht und sagte das auch. Es entspann sich eine Diskussion, an der sich mehrere von uns beteiligten; ich behauptete, der Geistliche habe sich dem Farmer gegenüber nicht großmütig verhalten, sondern habe dessen Unkenntnis ausgenutzt, um ihn zu übervorteilen; die anderen hoben hervor, die Kenntnisse des Geistlichen seien ein wertvoller Besitz, den er sich durch Studium und Fleiß errungen habe, und jeder Gewinn, den er daraus ziehen könne, stehe ihm rechtmäßig zu – er sei nicht verpflichtet, diese wertvollen Kenntnisse an einen Menschen weiterzugeben, der sich immer nur für Kartoffeln, Mais und Schweine interessiert habe, während er seine Mußestunden dazu hätte verwenden können, sich die gleichen Kenntnisse anzueignen, die sich für den Geistlichen als so wertvoll erwiesen haben.

Ich ließ mich nicht überzeugen, sondern beharrte auf meiner Ansicht, dass dem Farmer bei dem Geschäft Unrecht geschehen war und dass er jedenfalls die Hälfte vom Wert seines Buches und des Autographs hätte bekommen müssen. Ich glaubte, ich hätte ihm die Hälfte zugestanden, und erklärte das den anderen. Ganz sicher war ich mir nicht, doch ich glaubte es immerhin. Insgeheim *wusste* ich, dass ich an der Stelle des Geistlichen im ersten Gefühlsüberschwang dem Farmer den vollen Wert gezahlt hätte; hätte der Gefühlsüberschwang Zeit gehabt abzuklingen, hätte ich den Anteil des Farmers um zehn Prozent gekürzt; hätte der zweite Überschwang Zeit gehabt, ein bisschen abzukühlen, wäre der Anteil des Farmers noch einmal zusammengeschrumpft; und hätte sich die Zeit zum Abkühlen noch länger hingezogen, hielt ich es für mehr als wahrscheinlich, dass ich dem Farmer zuletzt das Lexikon geschickt und mich damit begnügt hätte; denn das hieße nach Menschenart handeln, und ich verkörpere das ganze Menschengeschlecht, zwar in einen einzigen Anzug zusammengezwängt, aber durchaus imstande, die Gesamtheit dieser geballten Masse in allen ihren Stimmungen und Bestrebungen zu repräsentieren.

Doch es gibt Ausnahmen, das ist mir klar; ich repräsentiere nicht diese Ausnahmen, sondern nur die überwältigende Mehrheit insgesamt. Der verstorbene Hammond Trumbull in Hartford war eine Ausnahme. Er war ein großer Gelehrter und ein edler Mensch. Hätte er sein umfassendes Wissen wirtschaftlich genutzt, dann hätte es ihn reich gemacht, aber das tat er nicht; nie erwarb er einen Penny auf Kosten der Unkenntnis eines anderen; er war stets bereit, dem mittellosen Besitzer eines seltenen und kostbaren Gegenstandes mit seinen vielfältigen Kenntnissen zu helfen, und er tat es gern und ohne Entgelt. Ich erinnere mich an einen Fall: Zwanzig Jahre nach dem Krieg schrieb ihm eine Dame aus den Südstaaten, unter dem Wrackgut, das die Unionstruppen nach der Zerstörung ihres Vaterhauses herrenlos zurückgelassen hätten, befinde sich ein Exemplar der Indianerbibel von Eliot; man habe ihr gesagt, es sei 100 Dollar wert; man habe ihr auch gesagt, Mr. Trumbull werde gewiss den Wert des Buches kennen und sie in dieser Angelegenheit beraten können; sie sei arm und 100 Dollar wären für sie eine bedeutende Summe.

Trumbull schrieb zurück, wenn das Buch gut erhalten sei, würde das Britische Museum den Listenpreis dafür zahlen, der 1000 Dollar betrage. Er bat die Dame, ihm das Buch zu schicken, was sie auch tat. Es war ein tadellos erhaltenes Exemplar, und er schickte ihr den vollen Betrag ohne Abzug.

Ich erinnere mich an einen Fall der anderen Art: Eine mittellose Schwester oder andere Verwandte Audubons besaß ein gut erhaltenes Exemplar von Audubons berühmtem Buch und wollte es verkaufen, weil sie sehr arm war. Unter Sammlern hatte es einen festen Preis von 1000 Dollar, was sie jedoch nicht wusste. Sie bot es einem Universitätsprofessor an, der es *wusste*, und er bezahlte ihr 100 Dollar dafür; und nicht genug damit, dass er diesen Betrug an ihr verübte, hatte er so wenig Verstand und so wenig Herz, dass er sich später noch dessen rühmte.

Eine Alarmanlage ist eine nützliche Einrichtung

Eine Alarmanlage ist eine nützliche Einrichtung, wenn man mit ihr umzugehen weiß.

Frank Goodwin hatte eine Alarmanlage im Haus. Der Signalgeber befand sich dicht neben seinem Ohr, backbordseitig an seinem Bett. Zur Schlafenszeit schaltete Goodwin das ganze Haus – jedes Fenster und jede Tür – scharf, dann, um fünf Uhr morgens, ging die Köchin aus ihrem Schlafzimmer nach unten und öffnete die Küchentür, und das löste den Alarm an Goodwins Ohr aus. Da dies Woche für Woche jeden Morgen geschah, hatte sich Goodwin bald so daran gewöhnt, dass es ihn nicht beunruhigte. Manchmal riss es ihn aus dem Schlaf – manchmal störte es seinen Schlaf vermutlich überhaupt nicht, aber aus alter Gewohnheit streckte er automatisch die linke Hand aus und stellte den Alarm ab. Damit deaktivierte er den Alarm für das ganze Haus, so dass von fünf Uhr morgens bis zum Einschalten der Alarmanlage zur Schlafenszeit am nächsten Abend nicht ein Fenster und nicht eine Tür gesichert war.

Die Nacht, von der ich spreche, war eine jener trostlosen Novembernächte in Neuengland gegen Ende des Monats, wenn das lästige Klima Neuenglands diese Gegenden gehörig durchschüttelt, nur so als Experiment und um die Hand im Spiel zu haben, wenn die eigentliche Zeit herannaht, der Dezember. Nun, als wir um Mitternacht aus dem Haus gingen, heulte der Wind, und der Schnee trieb in Wolken vorüber. Es war eine wilde Nacht. Es war wie ein Sturm auf See, ein Donnern und Krachen und Brüllen, dazu heftige Schneewehen. Es war keine Nacht, in der Einbrecher hätten unterwegs sein wollen, und doch *waren* sie unterwegs. Um halb eins lag Goodwin im Bett, und sein Haus war gesichert. Nicht lange danach trafen die Einbrecher ein. Anscheinend wussten sie Bescheid über die Alarmanlage, denn statt in die Küche einzubrechen, sägten sie sich ihren Weg ins Innere – will sagen, sie sägten eine große Kassette aus der Küchentür und verschafften sich so Zutritt, ohne den Alarm auszulösen. Sie spazierten nach Belieben im ganzen Haus umher; sammelten allen möglichen Schmuck und Schnickschnack ein sowie das gesamte Tafelsilber. Diese Gegenstände trugen sie in die Küche, stopften sie in Beutel, und dann stellten sie ein üppiges Abendessen mit Champagner und Burgunder und so weiter zusammen und verzehrten es mit Muße. Als sie aufbruchbereit waren – sagen wir, um drei Uhr morgens –, zeigten der Champagner und der Burgunder ihre Wirkung, und für einen Moment wurden sie unachtsam, doch ein Moment war schon genug. In diesem unachtsamen Moment entriegelte einer der Einbrecher die Küchentür und öffnete sie, und natürlich schlug die Alarmanlage an. Rev. Mr. Goodwin streckte die linke Hand aus, schaltete die Anlage ab und schlief friedlich weiter, die Einbrecher hingegen stürzten aus dem Haus und ließen ihre gesamte Beute zurück.

Unsere Alarmanlage führte ein fröhliches und sorgloses Leben und hatte keine Prinzipien. Immer wieder funktionierte sie gerade nicht; und dazu gab es reichlich Gelegenheit, weil alle Fenster und Türen vom Keller bis zum Obergeschoss an sie angeschlossen waren. In den Zeiten, da sie nicht funktionierte, beunruhigte sie uns allerdings nicht lange: Wir fanden rasch heraus, dass sie uns zum Narren hielt und ihr markerschütterndes Schrillen lediglich zu ihrer eigenen Belustigung ertönen ließ. Dann schalteten wir sie ab und ließen einen Elektriker aus New York kommen – denn damals gab es in ganz Hartford keinen. Wenn sie repariert war, schalteten wir sie wieder ein und erneuerten unser Vertrauen in sie. Eigentlich erfüllte sie ihre Aufgabe nie außer bei einer einzigen Gelegenheit. Den Rest ihrer kostspieligen Karriere verbrachte sie leichtfertig und zweckfrei. Nur dieses eine Mal kam sie ihrer Pflicht zur Gänze nach – feierlich, ernst, bewundernswert. Eines düsteren, trüben Märzmorgens um zwei Uhr schrillte sie los, und ich sprang sofort aus den Federn, weil ich wusste, dass sie uns diesmal nicht zum Narren hielt. Die Tür zum Badezimmer befand sich auf meiner Seite des Bettes. Ich ging hinein, drehte das Gas an, sah auf den Signalgeber und schaltete, um den Lärm abzustellen, den Alarm – für die betreffende Tür – aus. Dann ging ich wieder zu Bett. Mrs. Clemens eröffnete die Debatte:

»Was war's denn?«

»Die Kellertür.«

»Glaubst du, es war ein Einbrecher?«

»Ja«, antwortete ich, »natürlich. Glaubst du etwa, es war der Sonntagsschulhausmeister?«

»Nein. Worauf, glaubst du, hat er's abgesehen?«

»Ich nehme an, er hat's auf den Schmuck abgesehen, aber er kennt sich im Haus nicht aus und glaubt, dass der Schmuck im Keller versteckt ist. Ich möchte einen Einbrecher, mit dem ich nicht bekannt bin und der mir nichts getan hat, nicht enttäuschen, aber wenn er genug gesunden Menschenverstand gehabt hätte, sich zu erkundigen, hätte ich ihm gesagt, dass wir dort unten nichts als Kohlen und Gemüse aufbewahren. Aber vielleicht kennt er sich ja doch aus und hat's in Wahrheit auf die Kohlen und das Gemüse abgesehen. Alles in allem glaube ich, dass er hinter dem Gemüse her ist.«

»Wirst du hinuntergehen, um nachzusehen?«

»Nein, ich könnte ihm nicht behilflich sein. Soll er's sich doch selbst aussuchen; ich weiß nicht, wo was liegt.«

Dann sagte sie: »Aber angenommen, er kommt ins Erdgeschoss!«

»Keine Bange. Wir werden es erfahren, sobald er die Tür zum Erdgeschoss öffnet. Das wird den Alarm auslösen.«

In diesem Augenblick ging das schreckliche Getöse von neuem los. Ich sagte:

»Er ist unten angekommen. Wie ich dir gesagt habe. Ich weiß über Einbrecher und ihre Gepflogenheiten Bescheid. Das sind systematische Menschen.«

Ich ging wieder ins Badezimmer, um nachzusehen, ob ich recht hatte. Ich hatte recht. Ich stellte den Alarm im Speisezimmer ab und unterband den Lärm. Dann ging ich wieder zu Bett. Meine Frau sagte:

»Worauf, glaubst du, hat er's jetzt abgesehen?«

Ich sagte: »Ich glaube, er hat alles Gemüse, das er wollte, und jetzt kommt er wegen der Serviettenringe und wegen Krimskrams für Frau und Kinder. Die haben doch alle Familie – die Einbrecher – und sind immer fürsorglich, nehmen nur das Nötigste für sich selbst, die übrigen Sachen sind Andenken für die Familie. Indem sie sie mitnehmen, vergessen sie auch uns nicht: Die Gegenstände dienen als Andenken an uns und zugleich als Andenken an sie. Wir werden sie nie zurückbekommen; die Erinnerung an die Aufmerksamkeit, die uns zuteilwurde, wird in unseren Herzen einbalsamiert bleiben.«

»Wirst du hinuntergehen, um nachzuschauen, worauf er's jetzt abgesehen hat?«

»Nein«, antwortete ich, »ich bin nicht mehr daran interessiert als vorher. Das sind erfahrene Leute – die Einbrecher; *die* wissen, worauf sie's abgesehen haben; ich wäre ihm keine Hilfe. Ich *glaube*, er ist hinter Keramik, Nippfiguren und dergleichen her. Wenn er das Haus kennt, weiß er, dass das alles ist, was er im Erdgeschoss findet.«

Sie sagte, und aus ihrem Tonfall war starkes Interesse herauszuhören: »Angenommen, er kommt hierherauf?«

Ich antwortete: »Keine Bange. Er wird sich ankündigen.«

»Was sollen wir dann tun?«

»Aus dem Fenster klettern.«

Leicht beunruhigt fragte sie: »Aber was nützt uns dann eine Einbrecheralarmanlage?«

»Liebe, du hast doch gesehen, dass sie uns bis eben genützt hat, und ich habe dir erklärt, wie sie uns auch weiterhin nützen wird, wenn er hierherauf kommt.«

Und damit hatte es sein Bewenden. Er löste keinen Alarm mehr aus. Gleich darauf sagte ich:

»Ich glaube, er ist enttäuscht. Er hat sich mit dem Gemüse und den Nippfiguren davongemacht, und ich glaube, er ist unzufrieden.«

Wir schliefen ein, und am nächsten Morgen um Viertel vor acht stand ich auf. Ich musste mich sputen, weil ich den 8-Uhr-29-Zug nach New York nehmen wollte. Im ersten Geschoss brannte überall hell das Licht – auf voller Gasflamme. Mein neuer Mantel war verschwunden; mein alter Schirm war verschwunden; meine neuen Lacklederschuhe, die ich noch nie getragen hatte, waren verschwunden. Das große Fenster, das auf die Ombra hinter dem Haus ging, stand sperrangelweit offen. Ich stieg hinaus und verfolgte die Spur des Einbrechers zwischen den Bäumen hindurch den Hügel hinab; verfolgte sie ohne Schwierigkeiten, denn er hatte seinen Weg mit Serviettenringen aus Silberimitat, mit meinem Schirm und mit verschiedenen anderen Gegenständen garniert, die er missbilligt hatte; triumphierend kehrte ich zurück, da ich meiner Frau beweisen konnte, dass es ein enttäuschter Einbrecher *war*. Das hatte ich von Anfang an vermutet, auch weil er nicht in unser Geschoss heraufgekommen war, um Menschen zu stehlen.

Im Zweifelsfalle sage
die Wahrheit

Die Wahrheit ist unser wertvollstes Gut. Lasst uns sparsam mit ihr umgehen.

Im Zweifelsfalle sage die Wahrheit.

Es ist besser, alte Diamanten aus zweiter Hand zu besitzen, als überhaupt keine.

Es macht mehr Mühe, einen Grundsatz aufzustellen, als das Rechte zu tun.

Der sicherste Weg, eine falsche Vorstellung hervorzurufen, ist es oft, die reine Wahrheit zu sagen.

Der wesentlichste Unterschied zwischen einer Katze und einer Lüge besteht darin, dass eine Katze nur neun Leben hat.

Wir sollten darauf achten, einer Erfahrung nur so viel Weisheit zu entnehmen, wie in ihr steckt – mehr nicht; damit wir nicht der Katze gleichen, die sich auf die heiße Herdplatte setzte. Sie setzt sich nie wieder auf eine heiße Herdplatte – und das ist richtig; aber sie setzt sich auch nie wieder auf eine kalte.

Anhang

Nachwort

Von Rolf Vollmann

Schön siehts aus, klingt nach was, und hat so viel für sich, dass es tatsächlich wahr sein könnte, und man denkt sich wirklich auch was dabei, wenn er nun sagt, Mark Twain, mehrmals sagt, vielleicht sind Sie ja schon darauf gestoßen beim Blättern, nämlich das wirkliche Leben des Menschen fände in seinem Kopf statt und keinem sei es bekannt außer ihm selber; es bestehe, sagt er dann, wörtlich jetzt, »größtenteils aus dem Ansturm der Gedanken, die einem unablässig durch den Kopf wehen« – Sturm, Wehen, das ist gut, das sind Bilder, die dem Kopf auch gerecht werden, sie schmeicheln ihm; und dann sagt er: »Biographien sind nur die Kleider und Knöpfe des Menschen – die Biographie des Menschen kann nicht geschrieben werden« (alle diese Sachen beieinander im Kapitel »Die Welt steckt voller Überraschungen«). Und das mit der Biographie steht hier gut, auch seine Autobiographie kommt in diesem Büchlein ja vor, seine lange geheim gehaltne Autobiographie.

Ja, der Ansturm und das Wehn der Gedanken, all dessen also, was frei ist, wie es in dem Liedchen ebenso hübsch wie energisch heißt, das ist schon was andres als Kleider und Knöpfe oder eben als das Leben, wie es so vorkommt bis hin zu dem Punkt, an dem es dann gegen Ende zusammengefasst werden kann, wie Mark Twain das dann tut, wo er versucht, seine Biographie zu schreiben, zu diktieren. Das hat dann doch irgendwie einen Zusammenhang gehabt, dieses für jeden sichtbare Leben in Kleid und Knopf – aber diese Gedanken oder was das ist im Stürmen und Wehn: Keinem sei das bekannt außer dem, in dem es da stürmt und weht, sagt er, und das wird auch so sein – aber heißt das schon was?

In Wahrheit hat da im Kopf doch, eben anders als Kleider und Knöpfe (Knöpfe, das ist doch der Inbegriff von Zusammenhang), kaum etwas auch nur irgendeinen Zusammenhang, da gibt es weder Ordnung noch Überblick, und wenn man mitunter denkt, alles hängt mit allem zusammen in der Welt und überhaupt, und das mag ja auch sein, dann hängt da im Kopf (ohne Knopf) genauso gut nichts mit nichts zusammen, es herrscht da das reinste Chaos (prüfen Sie das selbst ruhig mal nach in sich, abends, ohne Fernsehn). Die Gedanken, das ist ja doch bloß, hier wenigstens, ein Wort für alles, was so weht im Kopf, man hat es doch überhaupt nicht in der Hand, auch wenn man das manchmal denkt – und schauen Sie auch einmal bei Gelegenheit nach, wie die Gedanken auch hier in diesem Büchlein, und grad wenns um sie selber geht, durcheinandergehn und sich widersprechen.

Vielleicht könnte man einräumen, dass das Chaos von Kopf zu Kopf etwas anders aussieht, sozusagen wäre der Sturm verschieden stark und die Windrichtung eine etwas andre von Kopf zu Kopf, von Gemüt zu Gemüt, von Seelenlage zu Seelenlage (da wäre das Chaos nach draußen verlagert, ins allgemeine Chaos, aber das wollen wir jetzt doch lieber weg- oder, was aufs selbe rauskommt, Gott überlassen) – aber ja, das wäre doch ein Trost, nicht wahr? Schau dieses Gedankendurcheinander, könnte man sagen, das gehört Mark Twain, jenes dort dem Kollegen Dickens, den er mochte, das da jenem Verleger, den er so gern verbrannt gesehn hätte (in dessen Chaos seinerseits so was wie Verbrennen vielleicht durch »Ausnehmen« ersetzt war, siehe unter »Ich höre mich gern reden«, das wären dann so Seelenlagenunterschiede); und schau, könnte man sagen, da ist tatsächlich auch mein Chaos, auch eines schließlich, und doch nicht das leerste, und so weiter zwischen Anfang und Ende der Welt.

Und apropos »Ich höre mich gern reden«, da ist noch etwas. Nehmen wir mal Hamlet, in dessen Kopf es ja nun unablässig geweht hat, Sie erinnern sich bestimmt – Hamlet hatte vor lauter Wehn das entsetzliche Problem, überhaupt nicht mehr richtig an Knopf und Kleider zu kommen, und nicht einmal loswerden im Kopf konnte er Knopf und Kleider vor lauter Wehn, Sie erinnern sich, wie er sogar vor Träumen Angst hat. Da ist nun Mark Twain ein ganzer Kerl; zwar hats auch in ihm gestürmt und geweht, dass er manchmal bestimmt auch fast am Verzweifeln über das zuweilen ja doch auch abscheulich Unzusammenhängende von allem war, aber im Grunde liebte und wollte er das Anstürmen, er fand das Gemenge großartig – und wenn ers mitunter eben auch abscheulich fand, dann wars doch toll, dass es eben beides war, abscheulich und abenteuerlich schön. Ja, das wars vielleicht mit Mark Twain und seinen Gedanken, sein Herz war so groß, gar kein Stürmen und Wehn konnte ihm zuletzt was anhaben.

Biographische Notiz

Mark Twain wurde am 30. November 1835 unter dem Namen Samuel Langhorne Clemens in Florida, Missouri, geboren und wuchs in Hannibal, Missouri, auf. Nach dem Tod seines Vaters 1847 musste er die Schule verlassen und begann eine Druckerlehre. Erste literarische Versuche erschienen in der Zeitung seines Bruders Orion Clemens. Nach einer kurzen Karriere als Lotse auf dem Mississippi folgte er seinem Bruder nach Nevada, wo er sich als Silbergräber und Reporter versuchte. 1865 erschien seine Geschichte über den *Berühmten Springfrosch von Calaveras* in einem New Yorker Magazin. Eine erste Buchveröffentlichung mit humorvollen Skizzen folgte, doch erst seine teils amüsanten, teils sozialkritischen Reportagen aus San Francisco und Hawaii verhalfen Twain zum Durchbruch. Seine Schilderung einer amerikanischen Pilgerfahrt ins Heilige Land, *Die Arglosen im Ausland* (1869), wurde zum Bestseller. Weitere erfolgreiche Reisebücher und Vortragsreisen folgten. Mit den auf seinen Kindheitserinnerungen basierenden Romanen *Tom Sawyers Abenteuer* (1876) und *Huckleberry Finns Abenteuer* (1885) gelangen ihm unvergessliche Werke, von denen, wie Ernest Hemingway einmal bemerkte, die ganze moderne amerikanische Literatur abstammt. Finanzielle Misserfolge und persönliche Schicksalsschläge prägten Twains Spätwerk. Nach dem Tod seiner Tochter Susy und seiner geliebten Frau Olivia schrieb er ebenso pessimistische wie hellsichtige Essays und Erzählungen über den unverbesserlichen Hang des Menschen zur Selbstzerstörung, über religiöse Heuchelei, Scheinmoral und die ewige Gier nach Macht und Geld. Er starb am 21. April 1910 und ist bis heute einer der weltweit bekanntesten und beliebtesten amerikanischen Schriftsteller. Seine Autobiographie, sein letztes, größtes Werk, durfte erst hundert Jahre nach seinem Tod veröffentlicht werden – so hatte es der Autor verfügt. Das Buch erschien 2012 unter dem Titel *Meine geheime Autobiographie*.

Chronik

1835	*30. September*: Mark Twain wird als Samuel Langhorne Clemens in Florida, Missouri, geboren.
1839	Die Familie zieht nach Hannibal, Missouri.
1845	*27. November*: Olivia (»Livy«) Langdon wird in Elmira, New York, geboren.
1847	Tod des Vaters. Beginn einer Druckerlehre.
1850	Arbeit für die Zeitung des Bruders Orion Clemens, das *Hannibal Journal*. Erste journalistische Arbeiten.
1857	Reise nach New Orleans. Twain wird Lotse auf dem Mississippi.
1858	Der Bruder Henry Clemens stirbt bei einem Schiffsunglück.
1859	Erwerb des Lotsenscheins.
1861	Ende der Lotsenkarriere bei Ausbruch des Bürgerkriegs. Twain begleitet seinen Bruder Orion nach Carson City, Nevada. Arbeit als Silbergräber und Reporter. Samuel Clemens nimmt das Pseudonym »Mark Twain« an.
1864	Journalist in San Francisco.
1866	Reise nach Hawaii. Erste Vorträge.

1867   *Der berühmte Springfrosch von Calaveras* er-
        scheint. Twain begleitet eine Pilgerschar auf einer
        Reise durch die Mittelmeerländer; auf dem
        Schiff »Quaker City« lernt er Charles Langdon
        kennen und verliebt sich in das Porträt von des-
        sen Schwester Olivia. Im Dezember lernt er Oli-
        via Langdon persönlich in Elmira, New York,
        kennen.

1869   *Februar:* Verlobung mit Olivia Langdon. *Die
        Arglosen im Ausland.*

1870   *2. Februar:* Heirat mit Olivia Langdon; *6. August:*
        Tod des Schwiegervaters Jervis Langdon; *7. No-
        vember:* Geburt des Sohnes Langdon Clemens.

1871   Umzug nach Hartford, Connecticut; Aufnahme
        in den Künstler- und Gelehrtenkreis der Nook-
        Farm.

1872   *2. Juni:* Tod des Sohnes Langdon; *19. März:* Ge-
        burt der Tochter Olivia Susan (»Susy«) Clemens.
        Durch Dick und Dünn.

1873   Zusammenarbeit mit Charles Dudley Warner:
        The Gilded Age. Reise nach England mit der Fa-
        milie.

1874   *8. Juni:* Geburt der Tochter Clara (»Ben«) Lang-
        don Clemens.

1876   *Tom Sawyers Abenteuer.*

1878/79 Reise durch Deutschland und die Schweiz mit
        der Familie und der Freundin Clara Spaulding.

1880	*26. Juli*: Geburt der Tochter Jane (»Jean«) Lampton Clemens. *Bummel durch Europa*.
1882	Reise auf dem Mississippi. *Der Prinz und der Bettelknabe*.
1883	*Leben auf dem Mississippi*.
1884	Vortragsreise mit George Washington Cable. Gründung des Verlages Charles L. Webster & Company; geschäftliche Erfolge als Verleger.
1885	*Huckleberry Finns Abenteuer*. Investitionen in technische Neuerungen.
1889	*Ein Yankee an König Artus' Hof*.
1891	Finanzielle Probleme. Die Familie siedelt nach Europa über.
1894	*Puddn'head Wilson*. Bankrott mit dem Verlag und durch Investitionen in James W. Paiges Setzmaschine.
1895	Einjährige Vortragsreise durch die USA und nach Australien, Indien, Südafrika, England mit dem Ziel, die Schulden begleichen zu können.
1896	*Persönliche Erinnerungen an Jeanne d'Arc*. *18. August*: Tod der Tochter Susy. Die Familie lebt in London, Paris, Luzern, Wien.
1897	Die Erinnerungen an die Vortragsreise erscheinen unter dem Titel *Reise um die Welt*. *11. Dezember*: Tod des Bruders Orion Clemens.
1898	Twain hat seine Schulden abbezahlt.
1900	Rückkehr der Familie nach Amerika.

1903	Olivia Langdons Gesundheitszustand verschlechtert sich; auf Anraten der Ärzte Umzug der Familie nach Italien.
1904	*5. Juni*: Olivia Langdon stirbt in Florenz an Herzversagen.
1908	Umzug in die Villa »Stormfield« in Connecticut.
1909	*Oktober*: Clara Langdon Clemens heiratet den russischen Pianisten Ossip Gabrilowitsch.
	24. Dezember: Tod der Tochter Jean.
1910	*21. April:* Mark Twain stirbt in Redding, Connecticut.

Quellen

AA   *Die Arglosen im Ausland.* Ausgewählte Werke in zwölf Bänden, Bd. 2. Hrsg. und mit einem Nachwort von Karl-Heinz Schönfelder. Übers. von Ana Maria Brock. © Aufbau Verlag GmbH & Co. KG, Berlin 1961, 2008.

AS   *Autobiographische Schriften.* Hrsg. und mit einem Nachwort von Karl-Heinz Schönfelder. Übers. von Ana Maria Brock. © Aufbau Verlag GmbH & Co. KG, Berlin 1969, 2008.

BE   *Bummel durch Europa.* Ausgewählte Werke in zwölf Bänden, Bd. 5. Hrsg. und mit einem Nachwort von Karl-Heinz Schönfelder. Übers. von Ana Maria Brock. © Aufbau Verlag GmbH & Co. KG, Berlin 1963, 2008.

GA   *Meine geheime Autobiographie.* Hrsg. von Harriet Elinor Smith. Mit einem Vorwort von Rolf Vollmann. Übers. von Hans-Christian Oeser. © Aufbau Verlag GmbH & Co. KG, Berlin 2012.

KL   *König Leopolds Selbstgespräch.* Essays, Berichte, Skizzen. Ausgewählte Werke in zwölf Bänden, Bd. 12. Hrsg. und mit einem Nachwort von Karl-Heinz Schönfelder. Übers. von Ana Maria Brock.

RW *Reise um die Welt*. Ausgewählte Werke in zwölf Bänden, Bd. 11. Hrsg. und mit einem Nachwort von Karl-Heinz Schönfelder. Übers. von Ana Maria Brock. © Aufbau Verlag GmbH & Co. KG, Berlin 1964, 2008.

SC *Der berühmte Springfrosch von Calaveras*. Erzählungen. Ausgewählte Werke in zwölf Bänden, Bd. 1. Hrsg. und mit einem Nachwort von Karl-Heinz Schönfelder. Übers. von Günther Klotz. © Aufbau Verlag GmbH & Co. KG, Berlin 1963, 2008.

SW *Sommerwogen*. Eine Liebe in Briefen. Hrsg. und übers. von Alexander Pechmann. © Aufbau Verlag GmbH & Co. KG, Berlin 2010.

Alphabetisches Verzeichnis der Anfänge aller Aphorismen und Anekdoten mit ihren Quellen

182

Leseprobe aus

Mark Twain

Meine geheime Autobiographie

Herausgegeben von Harriet Elinor Smith

unter Mitarbeit von Benjamin Griffin, Victor Fischer,

Michael B. Frank, Sharon K. Goetz und Leslie Diane Myrick

Aus dem amerikanischen Englisch

von Hans-Christian Oeser

Mit einem Vorwort

von Rolf Vollmann

Vorwort. Wie aus dem Grab

I

In dieser Autobiographie werde ich stets im Hinterkopf behalten, dass ich aus dem Grab spreche. Ich spreche buchstäblich aus dem Grab, denn wenn das Buch aus der Druckerpresse kommt, werde ich tot sein. Jedenfalls werden – um genau zu sein – neunzehn Zwanzigstel des Buches erst nach meinem Tod in Druck gehen. Aus gutem Grund spreche ich aus dem Grab statt mit lebendiger Zunge: So kann ich frei reden. Wenn ein Mann ein Buch schreibt, das sich mit seinem Privatleben befasst – ein Buch, das gelesen werden soll, während er noch am Leben ist –, scheut er davor zurück, seine Meinung ganz freimütig zu äußern; alle seine Versuche, dies zu tun, schlagen fehl, und er erkennt, dass er etwas probiert, was einem Menschen ganz und gar unmöglich ist. Das aufrichtigste, offenste und privateste Produkt des menschlichen Verstandes und Herzens ist ein Liebesbrief; der Schreiber bezieht seine grenzenlose Freiheit der Äußerung und des Ausdrucks aus dem Gefühl, dass kein Fremder je sehen wird, was er da schreibt. Manchmal wird dieses Versprechen irgendwann gebrochen; und wenn er seinen Brief gedruckt sieht, ist ihm äußerst unbehaglich zumute, und er erkennt, dass er sich niemals mit demselben Maß an Aufrichtigkeit offenbart hätte, hätte er gewusst, dass er für die Öffentlichkeit schreibt. Er kann in dem Brief nichts finden, was nicht wahr, aufrichtig und ehrenwert wäre, dennoch wäre er weit zurückhaltender gewesen, wenn er gewusst hätte, dass er für den Druck schreibt. Mir schien, ich könnte so frank und frei und schamlos wie ein Liebesbrief sein, wenn ich wüsste, dass das, was ich schreibe, niemand zu Gesicht bekommt, bis ich tot und nichtsahnend und gleichgültig bin.

II

Meine Herausgeber, Erben und Rechtsnachfolger sind hiermit angewiesen, in der ersten Auflage sämtliche Charakterisierungen von Freunden und Feinden auszulassen, die die Gefühle der charakterisierten Personen oder ihrer Familien und Verwandten kränken könnten. Dieses Buch ist kein Rachefeldzug. Wenn ich unter jemandem ein Feuer anzünde, dann nicht nur wegen des Vergnügens, das es mir bereitet, diesen Menschen braten zu sehen, sondern weil er die Mühe lohnt. Es handelt sich also um ein Kompliment, eine Auszeichnung; möge er es mir danken und den Mund halten. Die Kleinen, die Gemeinen, die Unwürdigen brate ich nicht.